# 後醍醐天皇

兵藤裕己
Hiromi Hyodo

岩波新書
1715

# 目　次

目　次

目次

＊文献の引用にさいしては、なるべく諸本を参照し、わたくしに校合した。また、本文が漢文の場合は読み下し、カタカナ交じりの本文はひらがな交じり文にするなど、読みやすく改めたところがある。

# 序　帝王の実像と虚像

## 南北朝の動乱

後醍醐天皇の時代は、日本の政治、社会、思想、文化の一大転換期となった動乱の時代である。

動乱の発端は、後醍醐天皇による鎌倉幕府討伐の企てであり、元弘《げんこう》三年(一三三三)に幕府が滅亡し、その三年後の建武《けんむ》三年(一三三六)に、後醍醐の新政権が足利尊氏《たかうじ》の離反によって崩壊したあとは、南朝と北朝という二つの朝廷がならび立ち、それぞれの朝廷を立てる武士たちによって全国規模の内乱が戦われた。

半世紀以上におよんだ動乱の時代は、この列島の社会のあり方を大きく変えてゆくことになる。たとえば、イエ(家族)やムラ(村)など、在来の血縁や地縁にもとづく共同体のしくみが変わり、また、一揆《いっき》や一味《いちみ》同心《どうしん》など、血縁や地縁によらない人の結びつきが、日本社会における新たな社会編制の可能性をつくりだしてゆく。

人や土地の支配と従属の関係、女性や社会的マイノリティの地位も、南北朝期をさかいに大きく変化したことがいわれている。

日本語の世界では、この時代は、古典日本語から近世・近代の日本語へ移行してゆく時代である。また、文化史的には、能楽や茶の湯、活け花（立花《りっか》）をはじめとして、こんにち「日本的」とされている諸芸・諸道の文化は、その多くが南北朝の動乱期に始発するといって過言ではない。

そのような日本の政治、社会、文化の一大転換期となった南北朝の動乱を引き起こしたのが、後醍醐という日本史上きわめて特異かつ希有な帝王だった。本書は、後醍醐天皇の実像と虚像について検討することから、この天皇の出現によって引き起こされた政治史的、思想史的な諸問題について考察する。

## 王朝歴史物語から『太平記』へ

後醍醐天皇は、正応《しょうおう》元年（一二八八）に生まれ、文保《ぶんぽう》二年（一三一八）に数え年三一歳で即位、延元《えんげん》四年（北朝の暦応《りゃくおう》二年〈一三三九〉）に五二歳で吉野の行宮《あんぐう》で死去した。

後醍醐という天皇の存在を、公家社会の側からもっとも深刻に受けとめた文学的な著述は、『増鏡《ますかがみ》』である。『大鏡《おおかがみ》』にはじまる一連の王朝歴史物語（いわゆる鏡物）の掉尾《ちょうび》をかざる『増鏡』は、後鳥羽院の治世と、その鎌倉幕府討伐の企ての失敗（承久《じょうきゅう》の乱〈一二二一〉）から語り起こし、元弘三年（一三三三）の後醍醐天皇による討幕の成就で語り終えている。『大鏡』『今鏡《いまかがみ》』『水鏡《みずかがみ》』『増鏡』とつづいた王朝の歴史物語は、後醍醐天皇の討幕をもって終わるのだが、それは要するに、公家社会の歴史を語ることが「日本」の歴史でありえた時代が、後醍醐天皇の時代で終わったことを意味している。

後醍醐天皇による討幕について語った『増鏡』は、それにつづく建武の新政が引き起こした混乱や、その新政権がわずか二年余りで瓦解したあとの南北朝の争乱については語らない。すでに王朝歴史物語の語り（叙述）の方法では対処しきれない時代が始まっていたのだが、そのような混乱と争乱の時代を記したのは、『太平記』である。

『太平記』は、後述するように、室町幕府の草創を記すある種の正史を意図して、足利政権の周辺で（最終的に）成立した。後醍醐天皇の即位から起筆する第一巻の冒頭は、その治世を評して、「上《かみ》には君の徳に違《たが》ひ……（帝におかせられては帝徳に違い……）」とあるが、いっぽうで、天皇がみずから訴訟の場に臨んで理非を決断し、飢饉にさいしては米価の高騰を抑え、庶民の窮状を救った果断な政治がたたえられる。

天皇としては過剰ともいえる後醍醐の政治への意欲は、「命世亜聖《めいせいあせい》」（命世は、世に抜きん出る、亜聖は、聖人に準ずる意）と評されるが、同時に、その政治手法は、王道というより覇道《はどう》に近かったとも評される。

## 「賢才」か「物狂」か

『太平記』における後醍醐天皇像には、同書の段階的な成立過程とも関連して、二律背反的な評価が混在しているのだ。その崩御を語る第二一巻では、希代の帝王ぶりが、「延喜《えんぎ》天暦《てんりゃく》より以来《このかた》は、先帝《せんてい》程の聖主神武《せいしゅしんぶ》の君は、未だおはしまさ」ずと記される(「吉野新帝受禅の事」)。

後醍醐天皇が希有な帝王だったことは、同時代を生きた北朝の公家中院通冬《なかのいんみちふゆ》が、その死去のしらせをうけて、後醍醐の治世を、「諸道の再興、偏《ひと》へにかの御代《みよ》にあり。賢才《けんさい》、往昔《おうせき》に卓爍《たくらく》たり」と回顧し(卓爍は、他に抜きん出る意)、その死を「天下の重事《ちょうじ》」「愁嘆のほか他事なし」と悼んでいることからもわかる(『中院一品記《なかのいんいっぽんき》』暦応二年八月二八日条)。

だがいっぽうで、先例を無視した後醍醐の政治手法や、家柄や門閥を顧慮しない人材の登用は、北畠親房《きたばたけちかふさ》のような南朝方の公家からも批判され(『職原鈔《しょくげんしょう》』『神皇正統記《じんのうしょうとうき》』)、また北朝方の三条公忠《きんただ》からは、その治世はことごとく「物狂《ぶっきょう》の沙汰等なり。後代豈《あ》に因准《いんじゅん》すべけんや」と痛烈に批判される(『後愚昧記《ごぐまいき》』応安《おうあん》三年三月一六日条)。

三条公忠や北畠親房らの上級貴族からすれば、後醍醐天皇が行った先例に拠らない政治は、たしかに「物狂の沙汰」であり(物狂は、常軌を逸して正気でない意)、それは公家社会の前例として「因准」してはならないものだった。

『後愚昧記』にみえる「物狂の沙汰」という後醍醐批判は、しばしばこの語のみが一人歩きをして、後醍醐の王権がいかに異常、異形《いぎょう》であったかを強調する文脈で引用されている。しかし『後愚昧記』にかんするかぎり、その「物狂の沙汰」という評価は、ひたすら任官叙位の先例を墨守し、門閥貴族(いわゆる権門)の既得権益を守ろうとした者の発言だったことは注意しておく必要がある。

一部の公家からその「賢才」がたたえられるいっぽうで、ほかならぬその「賢才」ゆえの過剰な政治意欲が「物狂の沙汰」とも批判される。

この「物狂」という後醍醐評価について、中世史家の佐藤進一氏は、「貴族層の牢固たる家格意識を解体しようとした後醍醐の果敢な試みが、どのように迎えられ、どこまで実現されたか」を測定するうえで、この三条公忠の反応は興味深いと述べている(『日本の中世国家』)。後醍醐天皇の企てた「新政」の評価は、佐藤氏のこの冷静な発言にいったん立ちもどって考えてみる必要があると思う。

## 「怪僧」と「悪党」

後醍醐天皇の討幕の企てと、その後の建武の新政については、従来、「怪僧」文観《もんかん》を介しての密教への傾倒や、「悪党《あくとう》」的な武士とのかかわりが強調されてきた。

たしかに後醍醐天皇が真言密教に傾倒し、文観を付法の師として、みずから修法《しゅほう》を行ったことは事実である。また文観や側近の日野資朝《すけとも》、日野俊基《としもと》らを介して、「悪党」的な土豪《どごう》層と接触し、かれらを討幕の軍事力に組み入れたこと、また建武政権下では、楠正成《くすのきまさしげ》や名和長年《なわながとし》といった「悪党」的な出自の（氏素性の知れない）者たちを政権の要職につけたこともたしかである。

だが、あらためていうまでもないと思うが、「悪党」とは、鎌倉幕府の体制側から、反体制的な不穏分子へ向けられた呼称である。

また、真言宗内部の対立勢力から「異類」「異人」などと誹謗された文観は、その誹謗中傷の延長上で、「邪教」真言立川《たちかわ》流の中興の祖ともいわれてきた。だが、こんにちの研究水準では、文観弘真は、むしろ碩学《せきがく》の真言僧としての実像があきらかにされつつあり、いわゆる「怪僧」「妖僧」の文観イメージや、真言立川流の中興の祖云々は、俗説に過ぎないとして否定されている。

後醍醐天皇の前例のない政治手法の背景にあるのは、密教であるとともに（むしろそれ以上に）中国宋代の儒学である。そのことは、同時代人である兼好《けんこう》法師の『徒然草《つれづれぐさ》』所載の話からもうかがえる。

## 『徒然草』が語る後醍醐

後醍醐天皇の東宮《とうぐう》（皇太子）時代の話として、『徒然草』二三八段は、つぎのような逸話を伝えている。

後醍醐天皇がまだ東宮だったころ、東宮御所に伺候《しこう》していた堀川大納言（具親《ともちか》、大納言任官は元弘元年〈一三三一〉）のもとを兼好が訪ねると、大納言はしきりに『論語』を繰りながら、東宮殿下から、「紫の朱《あけ》を奪ふことを悪《にく》む」という『論語』の本文を見たいが、その箇所を探すようにといわれ、いま探しているところだという。そこで兼好が、それが第九巻のどこそこに書いてあると教えると、大納言は「あな、うれし」と喜んで、『論語』のその巻を東宮のもとへ持参したという。

儒学の経書《けいしょ》類にも通じた兼好の自慢話であるが、ここで注目したいのは、東宮時代の後醍醐がその本文を見たいと所望したという『論語』の一節である。「紫の朱を奪ふことを悪む」は、『論語』陽貨《ようか》篇の一節であり、史路《しろ》篇の「子《し》曰く、必ずや名《な》を正さんか」などとともに、『論語』で「正名《せいめい》」（名分《めいぶん》を正す）の思想が展開される箇所である。

『論語』の古注である皇侃《おうがん》（中国梁《りょう》代の儒家）の『論語義疏《ぎそ》』第九巻によれば、周の代に重んじられた朱色は正色であり、紫は間色である。だが、世人が多く紫を好んだため、正色の朱はしだいにその「用」（用途・地位）を奪われたという。斉《せい》の桓公《かんこう》（春秋《しゅんじゅう》五覇《ごは》の第二）が紫を好み、世人がそれに倣ったという話は『韓非子《かんぴし》』にみえるが（外儲説篇《がいちょせつ》）、正色の朱がその本来の地位を奪われるという事態は、覇道が栄えて王道が衰える事態を象徴しており、それを孔子は悪んだというのである。

皇侃の『論語義疏』は、花園《はなぞの》上皇（後醍醐の皇太子時代の天皇）も読んでいたことが、その日記から知られる（『花園院宸記《しんき》』正中《しょうちゅう》元年〈一三二四〉一二月晦日《みそか》条）。兼好はもちろんのこと、和漢の学にすぐれた後醍醐天皇も、当然のことながら『論語』の皇侃注は知っていただろう。

『論語』陽貨篇のこの一節に、皇太子時代の後醍醐がこだわったという逸話が、事実だったかどうかはわからない。しかし兼好が、この話に、後醍醐のその後の政治的・軍事的な行動を諷《ふう》していることはたしかである。すなわち、後醍醐天皇の討幕の意思は、すでに皇太子時代にきざしていたということだ。

## 二つの天皇のあり方

後醍醐天皇の「賢才」を「往昔に卓爍《たくらく》たり」とする同時代評価があるいっぽうで、その「賢才」ゆえの政治への過剰な取り組みを「毎事、物狂の沙汰」とする同時代評価がある。双方ともに半面の真実を伝えているのだが、相反する毀誉《きよ》褒貶《ほうへん》のなかにあって、矛盾と分裂をはらんだ後醍醐天皇像を、できるかぎり統一的に捉えることが本書の目的である。

日本史上の一大転換期となった南北朝の動乱は、もちろん後醍醐という一人の天皇の個人的な資質や性向だけに帰せられる問題ではない。

動乱の原因としては、いうまでもなく、一三世紀後半の元寇《げんこう》（蒙古《もうこ》襲来）から鎌倉末期にかけて、日本社会に蓄積されたさまざまな政治的・経済的な諸矛盾があり、それに対応できなかった鎌倉幕府の支配体制の構造的な欠陥があったろう。

その意味では、後醍醐天皇の討幕の企ては時代の要請だったともいえるのだが、しかし討幕後に実現したその「新たなる勅裁《ちょくさい》」（『梅松論《ばいしょうろん》』）の政治は、わずか二年余りで破綻・崩壊し、天下は南北両朝が分立・抗争する時代となってゆく。すなわち、天皇が万機《ばんき》（天下の政治）を親裁する政治体制をめざした後醍醐天皇と、持明院統《じみょういんとう》（北朝）の天皇を擁して武家政権の再興をもくろむ足利尊氏との抗争である。

天皇による「勅裁」(天皇親政)の政権と、天皇から統治権を委任された武家の政権という、近世・近代に引き継がれる二つの天皇制のかたちは、後醍醐の「新政」の企てとその破綻とともに、南朝対北朝というかたちで顕在化したのだといえる。それは以後の日本の政治史において、最大のイデオロギー的な争点ともなってゆく。

たとえば、南朝の重臣北畠親房が著した『神皇正統記』をはじめ、近世に水戸《みと》藩で編纂された『大日本史』、また近代の国定教科書にいたるまで、南北朝の正閏《せいじゅん》(正統と非正統)問題は、日本史を叙述するさいの最重要のテーマとされた。

さらに注意したいのは、南朝対北朝、あるいは公家対武家という対立軸とはべつに、後醍醐天皇の親政(王政)が、それまでとは異次元の対立軸を、政治史と思想史の領域にもちこんだことだ。天皇と臣下(公家・武家)という君臣上下の枠組みとはべつに、天皇が臣下を介さずに直接「民」に君臨するという、いわば一君万民的な天皇制の起源は、後醍醐天皇の「新政」の企てに端を発するといってよい。

## 「天皇」を問うた天皇

南北両朝が数十年にわたって抗争したこの動乱の時代は、天皇の存在が、近代以前においてもっともイデオロギッシュに問題化した時代である。南北朝の動乱は、明徳《めいとく》三年（一三九二）の和平をもっていったん終息するが、しかしその後も、反幕府・反体制的な動きのなかで、大義名分として南朝（いわゆる後南朝《ごなんちょう》）をかつぐことは、一五世紀後半の応仁《おうにん》の乱の時代までくり返されたのだ。

そして近世末期の緊迫した対外情勢と危機的な政治状況のなかで、後醍醐天皇の政治手法は、南朝正統史観とともに、政治史の表舞台へ再度呼びだされることになる。

たとえば、近世幕末の「志士」たち（明治維新の元勲《げんくん》たち）によって実現された「王政復古」は、建武の「中興」の再現としてイメージされていた。近代の天皇制国家は、後醍醐天皇の王政（天皇親政）を参照枠として成立したのである。

その意味では、後醍醐天皇の企てた「新たなる勅裁」の政治は、近世・近代の日本社会を呪縛したのだといえる。

南北朝の動乱の主人公である後醍醐天皇は、近世・近代に引き継がれた天皇問題の主人公でもある。後醍醐天皇の実像と虚像について考える本書は、歴史上の後醍醐天皇とともに、その「新政」の企てによって浮上・顕在化した天皇をめぐるディスクール（制度化された言表）に、考察の一つの軸足を置くことになるだろう。

# 第一章　後醍醐天皇の誕生

## 尊治親王の誕生

後醍醐天皇は、正応元年(一二八八)一一月、後宇多《ごうだ》天皇(上皇)の第二皇子として生まれた。諱《いみな》を尊治《たかはる》という。

母は、談天門院《だんてんもんいん》の院号を贈られた五辻忠子《いつつじちゅうし》。参議五辻忠継《ただつぐ》の娘であり、内大臣花山院師継《かざんいんもろつぐ》の養女として入内《じゅだい》した。忠子は、尊治のほかに二男一女をもうけたが、やがて亀山法皇の寵愛を受け、尊治は幼少期を法皇御所の亀山殿で過ごすことになる。

亀山殿の地には、のちに足利尊氏によって、後醍醐天皇の鎮魂を意図して天龍寺が創建された。天龍寺は、幼少期の尊治が母(および祖父法皇)と過ごしたゆかりの地に建立されたのだが、母忠子をめぐる父後宇多上皇と祖父亀山法皇との複雑な愛憎劇が、尊治(親王宣下は正安四年〈一三〇二〉)を皇位継承者として浮上させる一つの伏線となったことは、村松剛氏による評伝にくわしい。

後醍醐天皇の即位は、文保二年(一三一八)、数え年で三一歳のときである。この時代の天皇としてはきわだって即位年齢が高く、一三世紀以降では前例のない壮年の天皇である。それは一つには、持明院統《じみょういんとう》と大覚寺統《だいかくじとう》というこの時代の皇統の分裂状態に原因があり、また大覚寺統内部における、邦良《くによし》親王(後二条《ごにじょう》の皇子)派と尊治親王(後醍醐)派との対立に起因していた。

## 皇統の分裂状態

一三世紀後半に治天《ちてん》の君《きみ》(天皇家の家長であり実質上の国王)として長らく君臨した後嵯峨《ごさが》上皇が、文永《ぶんえい》九年(一二七二)に死去し、その後継をめぐって、後嵯峨の皇子で兄の後深草《ごふかくさ》上皇と、弟の亀山天皇が対立した。

すでに亀山天皇の皇子世仁《よひと》親王が皇太子となっていたこともあり、亀山天皇の親政が行われたが、しかし文永一一年(一二七四)、世仁親王(後宇多天皇)の即位にさいして、後深草上皇側から鎌倉幕府にたいして働きかけがあり、幕府の調停により、後深草の皇子熙仁《ひろひと》親王(のちの伏見《ふしみ》天皇)が皇太子となった。

後深草上皇の皇統を持明院統といい、亀山上皇の皇統を大覚寺統という。これ以後、二つの皇統が交替で皇位を継ぐという慣例がつくられた。いわゆる両統の迭立《てつりつ》だが、この皇統の分裂状態が、一四世紀の南北両朝の抗争・内乱へと引き継がれたことはいうまでもない。

弘安《こうあん》一〇年(一二八七)に即位した持明院統の伏見天皇は、自分の皇子胤仁《たねひと》親王を皇太子とし、

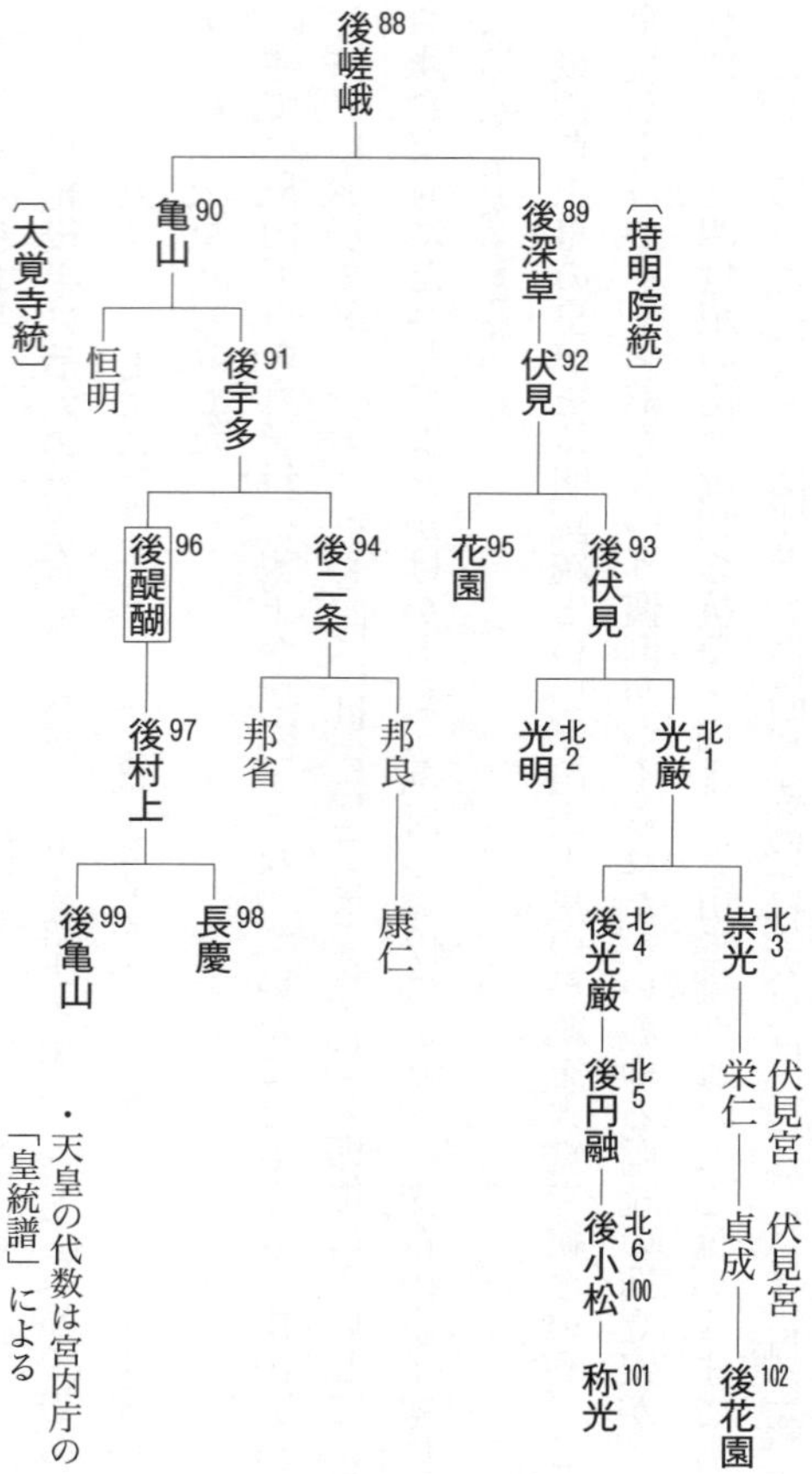

・天皇の代数は宮内庁の「皇統譜」による

図1　南北朝の天皇系譜

在位中は親政を行い、胤仁（後伏見《ごふしみ》天皇）への譲位後は院政を行った。

だが、大覚寺統側に与《くみ》した関東申次《かんとうもうしつぎ》の西園寺《さいおんじ》実兼《さねかね》のはたらきかけにより、後伏見天皇は正安《しょうあん》三年（一三〇一）一月、在位わずか三年たらずで退位した。そして後宇多上皇の長子で皇太子の邦治《くにはる》親王が践祚《せんそ》し（後二条天皇）、後宇多上皇による院政が開始された。

## 兄・後二条の急逝

後宇多上皇の院政開始から七年目の徳治《とくじ》三年（延慶《えんぎょう》元年〈一三〇八〉）八月、後二条天皇は二四歳で急逝した。

それを受けて、持明院統の皇太子富仁《とみひと》親王（花園天皇）が同月中に践祚したが、大覚寺統側では、後二条が急逝した時点で、だれを花園天皇の皇太子とするか、すなわち、だれを大覚寺統のつぎの天皇とするかについて、三人の選択肢があった。

一人は、後醍醐の祖父にあたる亀山法皇の最晩年の皇子、恒明《つねあきら》親王である。法皇は嘉元《かげん》三年（一三〇五）九月に死去したが、その二カ月まえ、後宇多上皇と伏見上皇に宸書《しんしょ》を送り、大覚寺統の後継者は恒明親王とすべきことを指示していた。

亀山法皇に仕えた廷臣たちも、法皇の在世中は、皇位継承の本命候補である恒明親王に仕えていたが、しかし法皇が死去した時点で、すでに後宇多上皇には、異母弟の恒明親王を立太子させることは念頭になかったらしい。

大覚寺統の後継者として後宇多上皇がまず考えたのは、徳治元年（一三〇六）に誕生した後二条天皇の第一皇子、邦良親王である。後宇多上皇にとっては直系の孫であり、上皇に仕えた廷臣たちの多くも、邦良を正統の皇位継承者とみなしていた。

いずれにせよ、大覚寺統の後継候補は、邦良親王、あるいは恒明親王である。後二条天皇の異母弟の尊治親王は、母忠子が亀山法皇の寵愛を受けた一時期、皇位継承の候補として浮上したが、しかし法皇の思いが最晩年に誕生した皇子恒明親王に移ったあとであり、後二条が急逝した徳治三年の時点では、尊治親王は皇位とは無縁の存在とみなされていた。

そのため、大覚寺統の廷臣で尊治親王に仕えていたのは、幼時からその後見役をつとめた吉《よし》田定房《だださふさ》をのぞけば、ほぼ皆無といえる状態だった。しかしそのことが、即位後の尊治が、才学と実務に優れた中下級貴族で側近を固め、後年の専制的な体制を築いてゆく一つの伏線となってゆく。

## 立太子とその条件

徳治三年〈延慶元年〈一三〇八〉〉に後二条天皇が急逝し、持明院統の花園天皇が践祚した時点で、後宇多上皇がその皇太子としてまず考えたのは、前述のように後二条天皇の皇子の邦良親王である。

だが、邦良親王は足の病をわずらい（『神皇正統記』に「鶴膝《かくしつ》の御病」とある）、病弱だったこともあり、将来の治天《ちてん》の権を確実なものにしたい上皇は、邦良親王が皇位につくまでの中継ぎとして、尊治親王を立太子させることになる。

亀山法皇の死と、後二条天皇の急逝、そして邦良親王の病弱など、いくつかの偶然がかさなって、まさに降ってわいたように、尊治親王に皇位継承の可能性がめぐってきたわけだ。

ただし、尊治親王が立太子するにあたって、父上皇からは、いくつかの条件が付けられた。その条件を記したのが、後二条天皇の死から一〇日たらずの徳治三年閏《うるう》八月三日の日付をもつ「後宇多上皇譲状案《ゆずりじょうあん》」（京都東山御文庫文書《ひがしやまごぶんこ》）である。

それによれば、大覚寺統に伝わる所領や文書はすべて尊治親王に譲るが、しかしそれは尊治が在位中の一代かぎりであり、「一期《いちご》の後は、悉《ことごと》く邦良親王に譲与すべ」しというもの。また、尊治の子孫は、たとえ「賢明の器」で「済世《さいせい》の才」があっても、「朝《ちょう》に仕え、君を輔《たす》」けること、くれぐれも「僭乱《せんらん》の私曲《しきょく》」があってはならず、甥の邦良を「実子の如く」扱うことが、自分への「孝行」と心得よという内容である。

この一代かぎりという条件は、当時の宮廷周辺では周知のものだったらしい。後醍醐天皇の即位一〇年目の嘉暦《かりゃく》三年（一三二八）、持明院統の後伏見上皇は、幕府に後醍醐の早期の退位を要請した。その折に書かれた「御事書《おんことがき》幷《ならびに》目安案《めやすあん》」（宮内庁書陵部蔵）にも、「当代（注、後醍醐）また一代の主《しゅ》たらしめたまふべきの由《よし》、先年定め申されおはんぬ」とある。

　そのような「一代かぎり」という条件を付されはしたが、ともかく尊治は、花園天皇の皇太子となった。ときに花園天皇は一二歳、皇太子尊治は二一歳である。院政期以降、幼年での立太子が一般だったなかで、異例ともいえる成年の皇太子だった。

## 政治への意欲

『花園院宸記』文保元年三月三〇日条に、花園天皇は、皇太子の尊治親王について、「和漢の才を兼ね、年齢は父の如し」と記している。自分よりも一〇歳ほど年長の皇太子の和漢の才学と、その「父の如」き年齢差に一目《いちもく》おいていたのだ。

　そして政道の学問とともに政治への意欲も旺盛な尊治は、皇太子時代から、年少の天皇をさしおくかたちで政務活動を開始することになる。

　たとえば、正和《しょうわ》三年（一三一四）七月三日、皇太子尊治が四辻宮善統《よつつじのみやよしむね》親王に発給した令旨《りょうじ》は、山城国上桂荘《やましろのくにかみかつらのしょう》、同国河嶋荘《かわしまのしょう》以下の七条院領の荘園一七カ所を、善統親王に安堵するというもの（「春宮《とうぐう》尊治親王令旨案」東寺百合《とうじひゃくごう》文書）。

七条院は、高倉天皇（在位一一六八―八〇年）の後宮に仕えて、守貞《もりさだ》親王（後高倉《ごたかくら》院）と後鳥羽院の母となった藤原殖子《しょくし》である。この七条院殖子のもとに集積された三八カ所の荘園を、七条院領といい、これを伝領した善統親王は、このうち二一カ所を後宇多上皇に寄進し、残りの一七カ所も上皇に譲渡しようとした。しかし上皇は、後者の一七カ所については辞退し、その一七カ所の伝領を善統親王に安堵したのが、皇太子尊治の令旨である。

皇太子がみずから所領安堵の令旨を発給するというのは、異例である。後年の建武政権において、後醍醐天皇が所領安堵の綸旨《りんじ》をさかんに発給する発端ともいえる出来事である。所領安堵も含めた訴訟裁決や政務のいっさいを天皇が勅裁するという後醍醐の「新政」（天皇親政）への意欲は、すでに皇太子時代にきざしていたということだ。

## 西園寺家の娘と

皇太子尊治はまた、みずからの脆弱な政治基盤を強化するため、かなり思い切った行動もとっている。

当時の京都政界の最高実力者は、鎌倉幕府の意向を朝廷に伝える関東申次職を世襲していた西園寺家である。西園寺家と幕府との結びつきは、承久三年（一二二一）、西園寺家の祖藤原公《きん》経《つね》が、後鳥羽上皇の討幕計画を幕府に密告したことに始まる。以来、西園寺家は、幕府の威を背景として朝廷で権勢を振るったが、皇太子尊治は、当時の西園寺家の実質上の当主実兼《さねかね》の末娘禧子《きし》を、「密かに盗み取」って妃にしたという。『花園院宸記』正和三年(一三一四)正月二〇日条に、つぎのようにある。

> 今日、東宮息所《みやすどころ》(西園寺入道太政大臣の女、永福門院の妹なり)、懐妊五カ月を経、着帯すと云々。これ去年の秋ころ、東宮、密かに盗み取る所なり。よつて、参入の儀無し。今年正月始めより露顕するなり。

去年の秋ころ、東宮尊治が西園寺実兼の娘禧子を「密かに盗み取」り、禧子はすでに「懐妊五カ月を経」ていたという。引用した箇所の割注に、禧子の姉として名のみえる永福門院《えいふくもんいん》は、実兼の長女で伏見天皇の后となった永福門院鏱子《しょうし》である。その妹の昭訓門院瑛子《しょうくんもんいんえいし》は、亀山法皇の后として恒明親王を生み、この亀山法皇の最晩年の皇子が、大覚寺統の皇位継承問題をやっかいなものにしたことは、さきに述べた。

そのまた妹の禧子を、東宮尊治は「密かに盗み取」って懐妊させたというのである。それは一代かぎりと条件付けられていた尊治にとって、みずからの立場を強化するための布石だったろう。なお、『増鏡』にも、尊治と禧子のなれそめは、「忍びて盗み給ひて、わくかたなき御思ひ」とあり（「秋のみ山」）、このことは当時、宮廷の内外で周知の事実だったらしい。

## 後醍醐天皇の即位

尊治親王の立太子から一〇年目の文保二年（一三一八）二月、花園天皇は譲位し、同月二六日に、皇太子尊治が践祚、即位式は三月二九日に行われた。後醍醐天皇の誕生である。

この文保二年の皇位の交替は、『花園院宸記』で「文保の御和談《ごわだん》」といわれる。「御和談」の経緯は、『同宸記』元亨《げんこう》元年（一三二一）一〇月一三日条に、「後日の要須《ようしゅ》たるべき」「重事中《ちょうじ》の重事」として記される。

それによれば、文保元年（一三一七）、東使《とうし》（鎌倉からの特使）中原親鑑《ちかあき》が上洛し、今後は持明院統・大覚寺統の両統の和談により皇位を継承すべきことを伝えてきた。また、皇太子尊治の践祚後は、邦良親王が皇太子となり、そのあとが後伏見上皇の第一皇子量仁《かずひと》親王とのことだったが、それはしかし、当面、後宇多法皇の「御意」を慰めるため「未来の立坊（立太子）の事を申」したに過ぎないということだった。

このことは証拠となる文書もなく、しばらくそのままだったが、同年九月に伏見上皇が死去すると、後宇多法皇側から、関東申次の西園寺実兼を介して、さきの関東の取り決めに従うべしとの申し出があった。

かくして花園天皇の譲位、皇太子尊治の践祚、邦良親王の立太子という次第となり、持明院統が望んでいた量仁親王の立太子は実現しなかったという。

西園寺実兼を抱き込んだ後宇多法皇の画策が、全面的に功を奏した皇位交替劇である。その背景には、実兼の末娘禧子が、皇太子尊治の妃となっており、すでに女児(懽子《さんし》内親王)も誕生して、尊治との関係も「わくかたなき御思ひ」(『増鏡』)という既成事実も作用していたのだろう。

皇太子尊治の即位と、邦良親王の立太子によって、後宇多法皇には、尊治・邦良の二代にわたる治天の権が保証されたことになる。大覚寺統にとっては、きわめて有利な条件での皇位交替が実現したわけだが、しかし尊治(後醍醐)の即位とともに開始された後宇多法皇の二度目の院政は、賄賂が横行するような政治であったらしい。

## 後宇多法皇と密教

『花園院宸記』元亨四年(一三二四)六月二五日条は、後宇多法皇について、「天性聡敏《てんせいそうびん》、経史《けいし》を博覧し、詩句巧みにして……」と、その英邁ぶりをたたえ、「乾元《けんげん》・嘉元の間」(一三〇二―〇五年)すなわち後二条天皇が在位中の第一次の院政期間を「政理《せいり》乱れず」と称賛している。

第一次の後宇多院政は、後二条天皇の急逝と、持明院統の花園天皇の即位をもって終わったが、その頃から、後宇多法皇の(天皇在位時代からの)真言密教への傾斜は急速に深まってゆく。

真言密教には、大別して仁和寺《にんなじ》系の広沢流と、醍醐寺《だいごじ》・勧修寺《かじゅうじ》系の小野流とがあるが、その両流を受法した法皇は、みずから大阿闍梨《だいあじゃり》(付法の師)として僧侶たちに伝法灌頂《でんぼうかんじょう》(阿闍梨位を許す灌頂)を授けるまでになっている。後述するように、皇太子時代の尊治親王も父法皇から受法したのであり、後醍醐天皇がやがて密教へ傾倒してゆくのも、きっかけは父法皇からの影響だった。

正和二年(一三一三)、後宇多法皇は、空海《くうかい》が開いた真言密教の根本道場、高野山《こうやさん》に参詣した。そのときは輿《こし》を使わず、二十数キロの急峻な山道を歩いて登ったという。

そして文保二年(一三一八)、後醍醐天皇の即位とともに、大覚寺を御所として第二次の院政が開始された。朝廷が下す僧侶の位階(法印《ほういん》・法眼《ほうげん》・法橋《ほっきょう》等)も、大覚寺から一律に下すこととされたが、しかしそのことが、僧侶のあいだで賄賂が横行するという事態を引き起こしたらしい。この第二次の後宇多院政について、花園上皇はつぎのように記している。

晩節、政事斉《ととの》はず、政賄《まつりごとまいない》を以て成す。惜しいかな、始め有りて終り無し。元亨元年、今上《きんじょう》(注、後醍醐)に委託の後、又仙居《せんきょ》を西郊(大覚寺)に移す。法皇の近臣、任官等、或いは叡旨《えいし》を称せず。これにより不和の事有りと云々。

かつて「天性聡敏」といわれた後宇多法皇が、大覚寺を御所とした第二次の院政期間は、政治が乱れ、賄賂も横行して、「晩節」を汚すような治世だったという。

## 後宇多院政の停止

『花園院宸記』はまた、「法皇の近臣、任官等、或いは叡旨を称せず。これにより不和の事有り」と記している。後宇多法皇の近臣が、天皇の許諾を得ずに「任官等」を行い、そのため天皇と法皇側とのあいだに「不和の事」が生じたというのである。

そのような後宇多法皇の第二次の院政は、しかし開始から「中二年《ふたとせ》ばかり」(『神皇正統記』)で停止された。仏道に専念したいという法皇の思いと、健康上の理由から、法皇がみずから身を引いたといわれる。

『増鏡』によれば、元亨元年（一三二一）の「夏のころ」、後醍醐天皇の幼時の後見役で、後宇多法皇の信任も厚かった吉田定房が、法皇の使いとして関東へ下り、「御門《みかど》に天の下の事、ゆづり申」すことを交渉した結果、「（法皇の）御心のままなるべく」という了解をとりつけて、天皇の親政は開始されたという（「秋のみ山」）。

定房の関東下向は、『花園院宸記』によれば、元亨元年一〇月のことだが、すでに同年春には実質的に開始されていた後醍醐天皇の親政が、定房の折衝によって幕府から追認されたものだろう。

いずれにせよ、「晩節、政事斉《ととの》はず」と評されたような後宇多法皇が治天の君として君臨しつづけるには、壮年の帝王後醍醐は、政道への志もあり、また政務を執る実務の才にもめぐまれていた。そして「一代かぎり」の制約を課していた後宇多法皇の院政が終わったことで、後醍醐天皇はその親政（王政）の理想の実現へ向けて、大きく踏み出すことになる。

# 第二章　天皇親政の始まり

## 元亨改元

後醍醐天皇の親政が開始されるにあたって、最初に行われたのは改元である。元応《げんおう》三年(一三二一)二月に改元して、元亨元年としたのだが、元亨改元は、廷臣たちの諤々《がくがく》たる議論のすえに、後醍醐天皇の勅裁によって決定された。

平安時代以降、改元はしばしば、天災や疫病流行などの災厄を回避するため、讖緯《しんい》説にもとづく辛酉《しんゆう》年、甲子《かっし》年の改元が行われた。

讖緯説とは、緯書《いしょ》(経書の注釈書として漢代につくられた吉凶禍福を説く書で、隋《ずい》の煬帝《ようだい》によって禁書とされた)に説かれる一種の予言説である。それによれば、干支《えと》の辛酉と甲子の年は、天が命《めい》を革《あらた》める革命の年であり、天下に変事が起こる。それを避けるためには、元号を改めて天意に従わなければならないというもの。

ふるくは、醍醐天皇の昌泰《しょうたい》四年(九〇一)が辛酉の年にあたり、文章博士《もんじょうはかせ》三善清行《みよしきよつら》の勘奏《かんそう》によって、延喜《えんぎ》元年と改元された。それ以降、讖緯説による改元は四百年余り踏襲されてきたが、そんな辛酉改元の根拠である讖緯説が疑われたのが、後醍醐天皇の即位から三年目、その親政が開始される元応三年の改元だった。

元応三年は、讖緯説によれば辛酉の年であり、同年二月、紀伝道《きでんどう》、明経道《みょうぎょう》、陰陽道《おんみょう》、算道《さん》から、「今年辛酉革命に当たるや否《いな》やの事」という勘文《かんもん》が提出された。それをめぐって、太政大臣久我通雄《こがみちお》、権大納言吉田定房、春宮大夫洞院公賢《とういんきんかた》、中納言北畠親房、前権大納言万里小路宣房《までのこうじのぶふさ》、中宮権大夫花山院師賢《かざんいんもろかた》など、当代一級の公卿《くぎょう》知識人たちによる諤々の議論が交わされた（「革命革令仗議定文《かくめいかくれいじょうぎさだめぶみ》」宮内庁書陵部蔵）。

讖緯説の根拠とされたのは、前述のように儒教の経書類ではなく、『易緯《えきい》』や『詩緯《しい》』などの緯書にみえる「辛酉革命、甲子革令」説である。提出された諸勘文のなかでも、大外記《だいげき》中原師緒《もろお》の名で明経道から提出された勘文は、緯書を「聖人の著作に非ず」とし、「緯説用ふべからざる事」と主張していた。

それをうけた公卿たちの議論は、その勘文を支持するもので、延喜改元以来、数百年におよんだ慣例を顧慮せずに、讖緯説による辛酉改元そのものを否定するものだった。

## 讖緯説批判と宋学

後醍醐天皇の親政が開始される当初の朝廷の雰囲気がうかがえるが、それぞれの公卿が意見を述べたなかでも、中納言北畠親房の意見は、もっとも長文で伝わっている。

讖緯説を「奇怪虚誕《きかいきょたん》の事」とする親房は、「興衰治乱《こうすいちらん》は徳に在り、天に在らず」と述べ、讖緯説による改元を、「理の推す所必《かなら》ずしも然《しか》るべからず、体《てい》は元より正《せい》に居《きょ》せば、何ぞ改元に労せんや」として、改元そのものを不要とした。

このときの議論は、後醍醐天皇の勅裁によって、讖緯説にはよらないが、天皇の親政(王政)の開始される年として、改元だけは行われることで決着した。そして元号案が審議され、文章博士の日野資朝から、「元亨」「天成《てんせい》」「康永《こうえい》」の三案、同じく文章博士の菅原家高《いえたか》から、「応《おう》安《あん》」「弘元《こうげん》」「康永」の三案が出された。

北畠親房は当初から「元亨」を支持したが、「元亨」の典拠は、『周易《しゅうえき》』乾卦《けんか》にいう「元亨利《り》貞《てい》」である。「元亨利貞」は、朱熹《しゅき》(朱子)の『周易本義』では天の理法と同義であり、森羅万象の「造化《ぞうか》」を説明する根本概念とされる(『朱子語類』に「元亨利貞は理なり」、「吾の仁義礼智は、即ち天の元亨利貞なり」等とある)。

「元亨」という元号は、中国宋代の新しい儒学、宋学にその思想的な根拠をもつのだが、この元号選定の議論も、後醍醐天皇の勅裁で決せられ、「元応三年を改めて元亨元年と為す」という詔書が出された(その改元の詔書にも、讖緯説は「術士の家の著作する所なり」、「聖人の道、豈《あ》に然るべけんや」とある)。

この元亨改元の議論にさいして、諸卿から出された讖緯説批判の意見は、中国宋代に行われた讖緯説批判、たとえば欧陽脩《おうようしゅう》や朱熹のそれときわめて近似することが、我妻建治氏によって指摘されている。平安中期以降、四百年以上にわたって改元の根拠とされてきた讖緯説は、宋学の立場からすれば、まさに否定されるべき「奇怪虚誕」の説であり、元亨改元のさいの諸卿の議論は、宋学的な教養を思想背景にもつというのである。

後醍醐天皇の「王権」の性格については、従来、その真言密教への傾斜がいわれ、また真言僧文観を介しての立川流との関係が指摘されたりしている。「邪教」立川流との関係云々が根拠のない俗説であることは後述するが、しかしそんな通説のかげで、後醍醐天皇の親政をささえた合理的な思弁は看過されてきた向きがある。

後醍醐天皇の「新政」(天皇親政)の政治史的・思想史的な意味について考える本書では、密教への傾倒も含めて、その「新たなる勅裁」(『梅松論』)の政治をささえた思想上の諸問題を考えることを一つの目的としている。

## 政道の学問

元応三年(一三二一)二月の元亨改元とともに、後醍醐天皇の親政は(実質的に)開始された。その治世にかんして、北畠親房の『神皇正統記』をはじめ、『増鏡』『保暦間記《ほうりゃくかんき》』などの同時代の史書・史論は、おおむね肯定的な評価を下している。

たとえば、『保暦間記』は、後醍醐天皇を「明王《めいおう》」「賢王《けんおう》」とたたえ、『増鏡』は、その治世を「昔に恥ぢず、いとめでたし」と称賛している。また、『太平記』は、第一巻の冒頭で、後醍醐天皇の治世をつぎのように記している(本文の引用は、岩波文庫本による。同第四冊解説「『太平記』の本文《テクスト》」、参照)。

> 内には、三綱五常《さんこうごじょう》の儀を正しうして、周公孔子《しゅうこうこうし》の道に順《したが》ひ、外には、万機《ばんき》百司《はくし》の政《まつりごと》に懈《おこた》らせ給はず、延喜《えんぎ》天暦《てんりゃく》の跡を追はれしかば、四海《しかい》風《ふう》を望んで悦び、万民徳《とく》に帰して楽しむ。すべて諸道《しょどう》の廃《すた》れたるを興し、一事の善をも賞せられしかば、寺社《じしゃ》禅律《ぜんりつ》の繁昌《はんじょう》、ここに時を得《え》、顕密儒道《けんみつじゅどう》の碩才《せきさい》も皆望みを達せり。誠に天に受くる聖主《せいしゅ》、地に奉じたる明君《めいくん》なりと、その徳を称し、その化《か》に誇らぬ者はなかりけり。

「三綱五常の儀」は、人倫の徳目の根本であり、「周公孔子」は、儒教で聖人とされる周公旦《こうたん》(周の武王の弟)と孔子である。「三綱五常の儀」と「周公孔子の道」に則って、天皇は「万機百司の政」(帝王のすべての政務)に励み、「延喜天暦」(一〇世紀の醍醐天皇・村上天皇の元号で、平安王朝の盛時とみなされた)の世を手本としたので、すべての民は、天皇の徳のある政《まつりごと》をしたって楽しんだという。

「聖主」「明君」をたたえる常套句をつらねたような文章だが、後醍醐天皇が政道の学問に励んだことは、『増鏡』にも、「御才《おんざえ》もいとはしたなうものし給へば、よろづの事くもりなかんめり。三史《さんし》五経《ごきょう》の御論議などもひまなし」とある(「秋のみ山」)。

「御才」は漢学の才であり、「三史五経」は、三史(史記・漢書・後漢書)と五経(詩・書・礼・易・春秋)で、儒学における政道の学問の総称である。天皇の学問熱心については、後述するように、持明院統の花園上皇も、「政道は淳素《じゅんそ》(淳《きよ》い本来のすがた)に帰すべし」と称賛しているのだ。

**諸道の再興**

『太平記』に「すべて諸道の廃れたるを興し」とあるのは、明君の治世をたたえる慣用句である。『神皇正統記』にも、「諸《もろもろ》の道を好みしらせ給ふこと、ありがたき程の御事」とあるが、じっさい後醍醐天皇は、親政の開始とともに、和歌や漢詩文、管絃《かんげん》の会をさかんに催した。

井上宗雄氏によれば、後醍醐天皇の親政が開始された元亨元年（一三二一）には、四回の内裏《だいり》歌合《うたあわせ》が行われ、とくに同年八月十五夜の仲秋に行われた歌合は、『増鏡』にその詳細が記される（「秋のみ山」）。そして翌元亨二年には二回、三年には三回、四年には五回の内裏歌合が行われた。

それらの内裏歌合は、勅撰和歌集をつくるための準備でもあった。後醍醐天皇の在位中に、勅撰和歌集は二度編纂されているが、一度目は、即位した年の文保二年（一三一八）に成立した『続千載和歌集《しょくせんざいわかしゅう》』（二条為世《ためよ》撰）であり、下命者は後醍醐天皇ではなく、父の後宇多法皇である。

後醍醐天皇としては、みずからの名で勅撰和歌集を作りたかったはずで、そのための度重なる内裏歌合だったろう。はたして親政の開始から二年後の元亨三年（一三二三）に撰進を命じたのが、『続後拾遺和歌集《しょくごしゅういわかしゅう》』（二条為藤《ためふじ》・為定《ためさだ》撰）である。

『増鏡』は、歌合のほかにも、漢詩文の会や歌舞管絃の宴など、後醍醐天皇が催したさまざまな遊宴や行幸《ぎょうこう》の盛儀を記している。管絃の宴では、天皇はみずから笛や笙《しょう》を奏し、また天皇家に伝来した琵琶《びわ》の宝器、玄象《げんじょう》を演奏した。和歌や漢詩文に堪能な天皇は、音楽にも並々ならぬ才能を示したのだ。

鎌倉時代の朝廷で行われた遊宴や行幸は、政治の実権を鎌倉幕府に奪われ、皇位継承すら思うにまかせない京の朝廷の政治的頽廃とみる向きもある。

とくに遊宴と物見遊山の行幸に明け暮れた後嵯峨上皇の宮廷には、たぶんにそうした側面もあったろう。だがいっぽうで、それらの文化的な営みは、京の朝廷が、政治の実権をにぎる関東（華夷《かい》の弁でいえば「東夷《とうい》」）にたいして、「中夏《ちゅうか》（中華）」を主張するための政治的なふるまいでもあった。

## 「延喜聖代」

後醍醐天皇にはまた、みずからが体験した宮廷の年中行事を和文で記した『建武年中行事』という著述がある。

正月の四方拝《しほうはい》にはじまり、一二月の仏名会《ぶつみょうえ》にいたる宮廷行事を和文で記した故実書《こじつ》だが、漢文で書かれるのが一般的なこの種の書物を、あえて和文で記したのは、一三世紀以降、公家社会の故実・典礼を伝える正典（古典）として受容された『源氏物語』の影響があったろう。

『源氏物語』は、平安王朝の盛時とみなされた醍醐天皇と村上天皇の時代、すなわち延喜・

天暦の代をモデルとして書かれている。たとえば、四辻善成《よつつじよしなり》の『河海抄《かかいしょう》』に代表されるこの時期の『源氏物語』の注釈書は、物語が准拠《じゅんきょ》する延喜・天暦年間の先例・故実をあきらかにすることを一つの（主要な）眼目としていた。

後醍醐天皇が「延喜天暦の跡を追はれしかば」（前掲『太平記』）といわれるのも、『源氏物語』を介しての「延喜天暦」のイメージである。まさに「かの聖主は延喜聖代を模し、後醍醐天皇と申す」（『歯長寺縁起《はながでら》』）であるが、そんな後《のち》の醍醐を自称した天皇のもとで、朝儀《ちょうぎ》の再興が図られ、和歌や歌舞・管絃の諸道、また政道の学問（儒教）が重んじられ、仏教諸宗の保護も行われた。

前掲の『太平記』第一巻の冒頭には、「寺社禅律《じしゃぜんりつ》の繁昌《はんじょう》、ここに時を得《え》、顕密儒道《けんみつじゅどう》の碩才《せきさい》も皆望みを達せり」とある。『神皇正統記』には、帝が「諸宗も捨て給はず、本朝、異朝、禅門の僧徒まで」内裏に召して、その教義を尋ね問うたとある。

後醍醐天皇が、顕密諸宗（旧仏教）のほかに、新興の禅宗や律宗《りっしゅう》の僧侶を重用し、たとえば、大徳寺の開山宗峰妙超《しゅうほうみょうちょう》と法談をし、また、渡来僧の明極楚俊《みんきそしゅん》（南禅寺・建仁寺等の住持）を内裏に招いたことは『太平記』に記され、史料からも確認される。

後醍醐天皇の禅宗・禅僧への関心は、一つには宋・元の禅宗とともにもたらされた中国の新しい学問や文物への関心だったろう。この時期、朝廷周辺でさかんに講じられた宋代の新しい儒学(宋学)も、やがて一世を風靡することになる茶会・茶寄合《ちゃよりあい》も、後述するように鎌倉後期の禅宗寺院を起点として流行したのだ。

## 政道への取り組み

『太平記』の第一巻冒頭は、後醍醐天皇の明君ぶりをたたえたあとで、その施策のいくつかを紹介している。

商売や往来の妨げとなる関所の新設を禁止し、飢饉《ききん》にさいしては、検非違使《けびいし》の別当《べっとう》に命じて、富裕な商人が利潤目的でたくわえた米を適正価格で売る制度をつくり、さらに「下《しも》の情《こころ》、上《かみ》に通ぜざる事もやあらん」とて、記録所へみずから出むき、「直《じき》に訴へを聞」いて理非を決断したという。

そうした政治への取り組みは、当時の史料類からも裏付けられるが、土地の訴訟処理にあたる記録所は、後宇多法皇の院政が停止された元亨元年(一三二一)に、院庁《いんのちょう》にかわる天皇直属の政務機関として設置された。

記録所の職員には、万里小路宣房、洞院実世《とういんさねよ》、三条公明《さんじょうきんあきら》、平成輔《たいらのなりすけ》など、いずれも蔵人頭《くろうどのとう》の経験者である天皇側近の公卿が選ばれた。鎌倉末期に激増した土地訴訟を迅速に処理することは、政治の最重要課題であり、記録所は、後醍醐天皇の親政開始当初の最高政務機関となってゆく。

また、検非違使の別当に命じて、米を適正価格で売る制度をつくらせたというのは、治安維持を職務とした検非違使庁が、中世には京都の流通経済を管轄し、洛中支配の基幹的な役所となっていたからだ。検非違使の別当として、後醍醐天皇は、元亨二年に北畠親房を任じ、翌三年には、腹心の日野資朝を任じている。

日野資朝は、文章博士をつとめた学者官僚であり、元亨改元にさいしては「元亨」の元号案を上申した。日野俊基とともに、後醍醐天皇の宮廷で新傾向の儒学(宋学)を「張り行」った中心人物として(『花園院宸記』後述)、やがて元亨四年(正中元年〈一三二四〉)の討幕計画において中心的な役割を果たすことになる。

### 「中興」への期待

後醍醐天皇の親政が開始された当初の朝廷の雰囲気については、持明院統の花園上皇も、日記のなかでつぎのように記している(『花園院宸記』元亨二年二月一二日条)。

主上《しゅしょう》、殊に中庸《ちゅうよう》の道を学ばしめ給ふ。政道は淳素《じゅんそ》に帰すべしと云々。尤《もっと》も然るべき事なり。近代、儒道已《すで》に廃れ来たること久し。此の時に遇《あ》ひ、中興有るべきか。

「主上、殊に中庸の道を学ばしめ給ふ」とある「中庸」は、『論語』雍也《ようや》篇の、「中庸の徳たるや、それ至れるかな」を典拠としている。天皇は孔子の重んじた「中庸の道」を学んでおられるというのだが、「中庸」はまた、『礼記』の中庸篇のみを特立して一書とした経書の書名でもある。

経書としての『中庸』は、宋学の大成者である朱熹によって、『大学』『論語』『孟子』とともに「四書」の一書とされ、儒教の根本経典とされた。「四書」のなかで最初に学ぶべき『大学』にたいして、『中庸』は最後に修めるべき経書である。

『花園院宸記』に、「此の時に遇ひ、中興有るべきか」とあるのは、「中庸の道」を学び、「儒道」を重んじる後醍醐天皇のもとで、朝廷の政事《まつりごと》が「中興」へ向かうことへの花園上皇の期待である。

## 宋学の流行

鎌倉時代の日本にもたらされた中国宋代の新しい儒学、宋学は、鎌倉末期には、朝廷や寺院社会の周辺でさかんに講じられた。

たとえば、朱熹が死去する前年の正治《しょうじ》元年（一一九九）に宋に渡った俊芿《しゅんじょう》（泉涌寺《せんにゅうじ》の開山）は、帰国にさいして、仏典のほかに「儒道」の書籍二百五十六巻を日本に持ち帰ったという（『泉涌寺不可棄法師《ふかきほうし》伝』）。

また、一二三〇年代（南宋の端平《たんぺい》二年から淳祐《じゅんゆう》元年）に渡宋した円爾《えんに》弁円《べんねん》（東福寺《とうふくじ》の開山）が持ち帰った書籍には、程子《ていし》（程頤《ていい》）や朱子（朱熹）以下の多くの宋学系の著述が含まれている（『普門院経論《ふもんいんきょうろん》章疏《しょうしょ》語録儒書等書目』）。円爾が滞在した一二三〇年代の南宋では、朱子の学問はすでに官学としての地位を得ていた。

そして一三世紀後半になると、日本から多くの留学僧が渡宋し、他方では、モンゴルの侵攻による南宋の衰退、滅亡という国際情勢を背景として、中国から多くの一流知識人が日本へ流出した。

すでに寛元《かんげん》四年（一二四六）に来朝した蘭渓道隆《らんけいどうりゅう》（建長寺《けんちょうじ》の開山）の法語には、宋学の用語が使用されており（芳賀幸四郎『中世禅林の学問および文学に関する研究』）、また無学祖元《むがくそげん》（円覚寺《えんがくじ》の開山)の来朝は、南宋が滅亡した弘安《こうあん》二年(一二七九)である。南宋の滅亡と、文永・弘安年間の元寇という国際情勢を背景として、鎌倉末期の朝廷では、宋学のブームともいえる流行が起こることになる。

一条兼良《かねら》の『尺素往来《せきそおうらい》』によれば、儒学の経書類の注釈は、従来は清原・中原両家の明経道の儒家によって、「前後漢《かん》、晋《しん》、唐《とう》朝の博士」の旧注が用いられていた。だが、「近代」は、玄《げん》恵《え》法印が朝廷で「講席」を開き、「宋朝濂洛《れんらく》の義を正と為し」て以来、「程朱二公」(宋学の大成者である程頤と朱熹)の「新釈」が重んじられたという。

また、「紀伝」の学問(史学)も、藤原南家、式家、菅原家、大江家の紀伝道(文章道《もんじょうどう》)の家々によって伝えられていたが、これも「当世」は「玄恵の義に付き、資治通鑑《しじつがん》、宋朝通鑑等」が「伝受」されたという。とくに「北畠入道准后《じゅごう》、蘊奥《うんのう》を得《え》らる」とあるのは、北畠親房の『神皇正統記』に、宋学の正統論の影響をみとめた発言として注意される。

## 天皇親政の背景

『花園院宸記』元応元年(一三一九)閏七月二二日条には、上皇御所(持明院殿)で行われた『論語』の談義に、日野資朝や菅原公時《きんとき》らの学者官僚にまじって、「玄恵僧都」らの僧侶も参加していたことが記される。その談義を聞いた上皇は、とくに玄恵の説くところを「誠に道に達するか」とし、自余の者たちの談ずるところも「理致《りち》に叶ふ」としている。

『太平記』にも用例のある「理致」は、鎌倉以後の禅僧の文献にしばしばみられ（『正法眼蔵』ほか）、それは程頤や朱熹の多用した「窮理《きゅうり》」「致知《ちち》」を背景に、この時代に広く用いられた流行語である。「理致に叶ふ」は、「正理」にかなうという意味だが、また、花園上皇がここで、「誠に道に達するか」と称賛している玄恵は、のちに、建武政権の崩壊後は足利直義《ただよし》に仕え、最初の室町幕府法『建武式目』の起草に参加している。

今川了俊《いまがわりょうしゅん》の『難太平記』によれば、玄恵はまた、足利直義の命により『太平記』の校閲にたずさわったという。玄恵は『太平記』の登場人物でもあるが、室町後期には、「玄恵法印」の名は、『太平記』所載の話を介してなかば伝説化され、多くの書物（偽書も含む）の作者に擬されている。そうしたなかで、一条兼良の『尺素往来』も、宋学流行の立て役者として「玄恵法印」をあげるのだ。

だがいうまでもなく、鎌倉末期の宋学の流行を、玄恵一人の功績とすることはできない。一三世紀後半以降、東アジアの激動する国際情勢を背景として、多くの知識人によって大陸の新しい儒学が学ばれた結果として、宋学のブームともいえる状況はもたらされた。

前述した元亨改元の議論では、天皇の近臣の公卿たちは、いずれも欧陽脩や朱熹らの讖緯説批判の言説を知っていた。後醍醐天皇がイメージした「新政」(天皇親政)の理想も、その背景には、宋学とともに受容された中国宋代の中央集権(＝皇帝専制)的な国家イメージが存在したのである。

## 花園上皇の学問

後醍醐天皇の宮廷で行われた新傾向の儒学に関心を示した花園上皇も、経書の学問にはきわめて熱心だった。当時の宮廷で行われた学問について知る手がかりとして、ここでは、花園上皇が催した経書の談義(講義)についてみておく。

『花園院宸記』によれば、元亨二年(一三二二)二月、上皇は『尚書《しょうしょ》』の談義を開始した。『尚書』は、宋学以降は『書経《しょきょう》』と呼ばれた五経の一書であり、伝説的な聖帝の堯《ぎょう》・舜《しゅん》の代から、夏《か》・殷《いん》・周《しゅう》の時代にいたる帝王の言行録である。上皇が催した『尚書』の談義には、中原師夏《もろなつ》、菅原公時、日野資朝、紀行親《きのゆきちか》らの学者官僚が参加したが、同年七月二一日に行われた談義について、上皇はつぎのように記している。

尚書を談ず。人数《にんじゅ》先々に同じ。その義具《つぶ》さに記す能《あた》はず。行親の義、その意仏教に渉《わた》り、その詞《ことば》禅家に似る。近日の禁裏《きんり》の風なり。即ちこれ宋朝の義なり。

「宋朝の義」による談義が、「近日の禁裏の風」、すなわち後醍醐天皇の内裏で行われる談義の学風だったという。「その意仏教に渉り、その詞禅家に似る」は、「正理」「天理」をめぐる宋学の形而上学的な思弁を、「禅家に似る」と評したもの。花園上皇とその近臣たちの『尚書』の談義は、元亨四年三月八日に完了したが、その「竟宴《きょうえん》」(打ち上げの宴)にさいしての院の心境は、つぎのように記される。

今日、尚書の談義、竟宴なり。(中略)凡《およ》そ去々年《きょきょねん》の夏より始めて此の書を講ず。人無きと雖《いえど》も、毎月六カ度、大略闕《か》かさずこれを談ず。今日、無為《ぶい》にして事了《おわ》る。尤《もっと》も喜ぶところなり。凡そ六経《りくけい》皆談ずべきの由、心中の発願《ほつがん》なり。

『尚書』の談義の「竟宴」にさいして、上皇は、「六経」(儒学の経典である詩経・書経・易経・春秋・礼記・楽記の六書)すべての談義を「発願」したという。

じっさい、『尚書』の談義が終わって二〇日たらずの三月二七日に、上皇は、六、七名の近臣とともに『論語』の談義を開始している。そして一二月(同月中に正中と改元)晦日《みそか》には、「今年学ぶ所の目録」として、内典(仏典)、外典《げてん》(漢籍)、記録それぞれの書目をあげ、外典としては、つぎの一一種をあげている。

論語一より二に至る談義了んぬ、論語皇侃《おうがん》、邢昺《けいへい》等の疏《そ》、幷《なら》びに精義、朱氏竹隠《ちくいん》注等、同じく一より二に至り抄出し了んぬ。
左伝一部
礼記《らいき》一部(中原)師夏侍読す
注国語三十巻復五帖
漢書《かんじょ》一部
鬼谷子《きこくし》三巻
淮南子《えなんじ》欠巻有り
史通二十巻
華陽国志十巻

宋斉丘化書《そうせいきゅうかしょ》三帖、復十巻
南北史節要二十帖抄出

みぎに「左伝一部」「礼記一部」「漢書一部」とある「一部」は、それぞれ『春秋左氏伝』『礼記』『漢書』の全巻の意。これらの外典のほかにも、数種の内典を読破しており、上皇の篤学ぶりがうかがえる（なお、これにつづけて、「凡そ読む所の経書目録」として、これまで読んできた四〇種余りの内典、三〇種余りの外典、また本朝の記録・史書類が列挙される）。

『論語』の談義に用いられた注釈書として、「論語皇侃《おうがん》、邢昺《けいへい》等の疏《そ》」とあるのは、皇侃の『論語義疏』と、邢昺の『論語正義』である。いずれも宋学以前の代表的な『論語』の注釈（旧注）だが、それにつづけて、「幷びに精義」とあるのは、朱熹の新注、『論語精義』をさしている（なお、「朱氏竹隠注」とあるのは、阿部隆一氏によって、朱熹の経学を日本に伝えた李用〈号は竹隠〉撰の「論語解」と推定されている。――「室町以前邦人撰述論語孟子注釈書考」）。

## 『孟子』の受容

花園上皇の経書の学問は、旧注を主としながらも、朱熹の新注も用いていたことが知られる。

こうした学問の傾向は、「三史五経の御論議などもひまなし」(『増鏡』)といわれた後醍醐天皇の学問とも共通するだろう。だが、花園上皇が「近日の禁裏の風」を「即ちこれ宋朝の義なり」と記しているように、後醍醐天皇の宮廷で行われた学風は、より宋学に傾斜したものだった。

ところで、花園上皇が『論語』の談義を行う前年の元亨元年(一三二一)四月二〇日、『孟子』を読んだ上皇は、その感想をつぎのように記している。

今日、孟子を読む。徳を経《はか》れば回《たが》はざるに至る。干禄《かんろく》(注、仕官・俸禄の為《ため》にする学問)を以てするにあらず。情感の至り、説き尽くすべからず。是れ吾が志なり。愚意、聖言に叶ふ。豈《あ》に悦《よろこ》ばざらんや。

『孟子』は、宋学以前には諸子の一書とされ、経書とはみなされなかった書物である(『宋史』芸文志でも、『孟子』は経部ではなく子部に入れられる)。それが程顥《ていこう》・程頤によって顕彰されて急速に評価が高まり、とくに南宋の朱熹によって、『孟子』は、『大学』『中庸』『論語』とともに「四書」の一書とされた。

宋学において儒学の根本経典となった『孟子』は、わが国では南北朝時代に受容の一つのピークをむかえている。たとえば、『神皇正統記』で北畠親房が述べる「正理」の議論は、我妻建治氏によれば、『孟子』の影響下にあるという。

また、『太平記』は、第一巻の冒頭から『孟子』の語句を多用する(岩波文庫『太平記(一)』三八頁脚注、参照)。『太平記』に引用される経書の第一位は、『論語』であり、第二位は『孟子』である(宇田尚『日本文化に及ぼせる儒教の影響』)。

宋学の受容とともにもたらされた『孟子』の流行は、持明院統の花園上皇の宮廷にも及んでいたのである。『孟子』を読んだ上皇が、「情感の至り、説き尽くすべからず」と記し、自分の志が『孟子』の「聖言に叶ふ」ことを、「豈に悦ばざらんや」としているのも、当時の宮廷人たちの『孟子』への心酔ぶりがうかがえる。

たとえば、元徳《げんとく》二年(一三三〇)二月、花園上皇は、甥の皇太子量仁《かずひと》親王(のちの光厳《こうごん》天皇)に訓戒の書をあたえた(「誡太子書《かいたいしのしょ》」宮内庁書陵部蔵)。そのなかで上皇は、殷の紂王《ちゅうおう》が、仁義を賊《そこな》うふるまいにより「一夫《いっぷ》」(一介の野人)として誅罰されたとする『孟子』の一節を引いて(梁恵王《りょうけいおう》章句下)、わが国は「皇胤《こういん》一統」「異姓簒奪《さんだつ》の恐れ」はなくとも、天皇が暗愚であれば、必ずや「土崩瓦解《どほうがかい》」に至らんとして、帝徳の涵養につとめるべきことを説いている。

『孟子』を受容した上皇の強い危機感と倫理意識がうかがえるが、『孟子』の一大特徴である革命（いわゆる易姓革命《えきせいかくめい》）是認の思想は、『太平記』にも、序文をはじめ、内容的な節目となる箇所にしばしば引用される（岩波文庫『太平記（三）』「解説」、参照）。じっさい史実においても、足利尊氏・直義兄弟が後醍醐天皇を廃し、持明院統の天皇を擁立した背景には、『孟子』に説かれる「貴戚《きせき》の卿《けい》」などの思想が作用していたと思われる（『孟子』万章《ばんしょう》章句下に、王に「大過《たいか》」があり、度々諫言《かんげん》しても聴《き》かなければ、「貴戚の卿」〈同姓の王族〉に「位を易《か》ふ」とある）。

## 俊才・日野資朝

ところで、後醍醐天皇の親政が開始された元応三年（元亨元年〈一三二一〉）の改元で、延喜改元以来の讖緯説にもとづく改元を否定した公卿たちの議論は、宋学の合理的思弁を背景としていた。その議論で、「元亨」という元号案を提出したのは、さきに述べたように文章博士の日野資朝である。

天皇の腹心としてやがて討幕計画の中心となってゆく資朝は、後醍醐天皇の親政が開始される以前は、父の日野俊光《としみつ》とともに、持明院統の花園天皇（上皇）に仕えていた。

日野家は、藤原北家の流れで、太政官の弁官（太政官庁の政務を取り仕切る文官）に代々任じられた学者官僚の家である。家格は、大納言を極官《ごくかん》（任官の上限）とする名家《めいけ》であり、資朝の父俊光も、持明院統の伏見上皇に仕えて権大納言になっている。

資朝の兄資名《すけな》、弟資明《すけあきら》もともに持明院統(北朝)に仕え、俊光の次男として生まれた資朝も、当初、花園天皇に仕え、正和三年(一三一四)には天皇側近の五位の蔵人《くろうど》となった。そして文保元年(一三一七)に右少弁《うしょうべん》(まもなく左少弁)に任じられ、翌年、花園天皇が退位すると、上皇の院司《いんし》となっている。

日野資朝の俊才ぶりについて、『花園院宸記』元応元年(一三一九)閏七月四日条には、つぎのように記される。

夜に入り、資朝参る。前に召し、道を談ず。頗《すこぶ》る道の大体を得ると謂ふべきなり。学を好みて已《すで》に七、八年、両三年の間に頗る道の大意を得。而して諸人と談じて未だ旨《むね》に称《かな》はず。今始めて意を知るに逢ふ。終夜談じ、晩鐘《ばんしょう》に至りても怠倦《たいけん》せず。

この七、八年、花園上皇は政道の学問にはげみ、とくにこの二、三年で大いに「道の大意」を会得したが、多くの者と談じても得心のいかなかったことが、資朝と談じることで、はじめて「意を知る」者に出会えた。資朝とは「終夜談じ」ても倦むことがなかったという。

日野資朝の俊才ぶりにたいする花園上皇の心酔のほどがうかがえる。また、『花園院宸記』同月二二日条によれば、上皇御所で行われた『論語』の談義に、資朝のほか菅原公時や玄恵僧都らが加わり、その議論は「悉《ことごと》く理致に叶ふ」というものだった。資朝らの議論が「理致に叶ふ」とは、その経書解釈が、「正理」「天理」にかなうという意味である。

## 『徒然草』が伝える資朝

花園上皇によってその俊才ぶりを高く評価された日野資朝ではあるが、後醍醐天皇の親政が開始されると、まもなく天皇に仕えるようになる。「中興有るべきか」（『花園院宸記』）と期待させるような後醍醐の政治姿勢に、資朝は惹かれたのであり、後醍醐天皇もまた、中国の新傾向の儒学を身につけた資朝の切れ者ぶりを見込んだのだ。

元応二年（一三二〇）三月、資朝は後醍醐天皇の蔵人頭に任じられ、天皇の親政をささえる側近中の側近となった。そして元亨元年（一三二一）四月、参議に昇進し、天皇の侍読《じどく》をつとめる文章博士を兼任したが、そんな資朝は、翌年の一一月、持明院統に仕える父の俊光から義絶されている。

だが、後醍醐天皇に仕えたのちも、資朝は、花園上皇の御所への出入りを許されていた。

『花園院宸記』元亨二年(一三二二)二月一八日条に、つぎのような記事がある。

資朝朝臣《あそん》参る。文談法談深更《しんこう》に及ぶ。当時の政道、正理に叶ふ由を語る。

「当時の政道、正理に叶ふ」とは、後醍醐天皇の政治が、宋学でいう「正理」「天理」にかなうという意味である。花園上皇のまえで「当時の政道」を絶賛したわけだが、かつての寵臣がここまで後醍醐天皇の治世を称賛することには、温厚な上皇も、さすがに複雑な思いがあったろう。

ところで、日野資朝について、兼好法師の『徒然草』は三つの逸話を伝えている。一人の人物に三つもの逸話を『徒然草』が伝えるのは、異例である。日野資朝という人物に、兼好はよほどの興味を寄せていたらしい。

たとえば、『徒然草』一五三段は、持明院統の宮廷で権勢をほこった京極為兼《きょうごくためかね》が、西園寺実兼の讒言《ざんげん》にあい、土佐に遠流《おんる》される話である。六波羅探題《ろくはらたんだい》に拘引される為兼のすがたを見た当時二六歳の資朝は、「あな羨《うらや》まし。世にあらむ思ひ出、かくこそあらまほしけれ」といってうらやんだという。

また、一五二段は、西大寺の静然《じょうねん》上人が、「腰かがまり、眉白く、誠《まこと》に徳たけたる有様」で内裏に参上した。それを見た内大臣西園寺実衡《さねひら》が、「あな、たふとのけしきや」というと、資朝は、ただ「年のよりたるに候ふ」と言い放った。そして後日、老いさらばえたむく犬を探しだし、「この気色たふとく見えて候ふ」として、実衡のもとに送り届けたという。

一五四段では、ある日、資朝が外出先で雨にあい、東寺《とうじ》で雨宿りをしていると、そこに手足の不自由な「かたはものども」が集まっていた。はじめは、これらの者たちを「尤《もっと》も愛するに足れり」と思って見ていたが、やがて興ざめし、帰宅してから、鉢植えの曲がりくねった木をことごとく抜いて棄ててしまった。

この一五四段の末尾には、「さもありぬべきことなり」とあり、いかにも資朝のやりそうなことだという兼好の感想が記される。学問に秀でた切れ者として後醍醐天皇に抜擢され、最後は非業の死をとげた日野資朝という人物に、兼好は少なからず関心を寄せていたのである。

## 日野俊基と吉田冬方

『徒然草』が書かれた時代（建武政権の崩壊後だろう）は、後醍醐天皇にかんしてあからさまに口にすることは、さまざまな意味で忌避にふれるものがあったろう。はじめにも述べたように、

『徒然草』二三八段の、「紫の朱《あけ》を奪ふことを悪《にく》む」という『論語』の本文を、皇太子尊治が堀川大納言具親に探させたという逸話をみてもよい。『論語』で正名（名分を正す）の思想が説かれる陽貨篇の一節を引き合いに出して、後醍醐天皇の討幕の意思が、すでに皇太子時代にきざしていたことを諷したのである。

風変わりな切れ者の日野資朝にたいする兼好の関心も、そのような人物を抜擢・重用した後醍醐という帝王にたいする、兼好の個人的関心からだったろう。

ところで、日野資朝よりも早くから後醍醐天皇の側近として仕えていたのは、日野俊基《としもと》である。『花園院宸記』元応元年（一三一九）九月六日条の裏書には、近日の内裏で儒教の学問がさかんであることを述べて、つぎのように記される。

近日、禁裏頗《すこぶ》る道徳儒教の事、その沙汰有りと云々。尤《もっと》も然るべき事なり。而して冬方朝《ふゆかた》臣、藤原俊基等、この義張り行ふ者なり。

元応元年の時点では、後宇多法皇の院政が行われており、後醍醐天皇の親政はまだ行われていない。だが、天皇の内裏では、近日すこぶる「道徳儒教」の「沙汰」がさかんだというのである。

「道徳」は、唐代儒学の訓詁《くんこ》の風を排した宋学（道学といわれる）のキーワードである。実践的な政道の学問である「道徳儒教」を「張り行ふ（さかんに行う）」天皇の側近として、吉田冬方と日野俊基の名があげられるのだが、この時点では、日野資朝はまだ後醍醐天皇に仕えていない。

## 俊基の抜擢人事

吉田冬方は、後醍醐天皇の皇太子時代の後見役をつとめた吉田定房の同母弟である。『太平記』によれば、正中元年（元亨四年）の討幕計画が露見したとき、天皇が幕府へ送った詫び状の告文《こうぶん》（神仏への起請文）は、吉田冬方が執筆したという（第一巻「主上御告文《ごこうぶん》関東に下さるる事」）。

その吉田冬方とともに、朝廷で「道徳儒教」（宋学）を「張り行ふ」人物として『花園院宸記』に名前が上がるのが、日野俊基だった。

日野一門の俊基は、資朝とは遠縁ではあるが親戚筋である。俊基の父は、文章博士で従三位刑部卿《ぎょうぶきょう》となった日野種範《たねのり》。種範は花園天皇に侍読として仕え、その死は、『花園院宸記』元徳三年（一三三一）四月一九日条に、「従三位藤原種範朝臣、昨日俄かに逝去と云々」とあり、「尤も惜しむべき者なり」と記される。

俊基の兄行氏《ゆきうじ》、弟行光《ゆきみつ》も、父と同様、文章博士で大内記《だいないき》(太政官の書記官)に任じられた。後醍醐天皇にその才分を認められた俊基は、元亨三年(一三二三)六月に、大内記(六位相当)から、天皇側近の五位の蔵人、右少弁に抜擢されている。

このときの俊基の抜擢人事については、『花園院宸記』同年六月一七日条に、「諸人、唇《くちびる》を反《かえ》す(悪口をいう)」とあり、その一カ月後の七月一九日条には、

近日、朝臣多く儒教を以て身を立つ。尤《もっと》も然《しか》るべし。政道の中興また茲《ここ》に因《よ》るか。

とある。「近日、朝臣多く儒教を以て身を立つ」は、「儒教」の才学によって抜擢された日野俊基らの廷臣をさしている。また、そのような前例にとらわれない後醍醐の人材登用を、花園上皇が「尤も然るべし。政道の中興また茲に因るか」と、むしろ肯定的に捉えていることは、この時期の朝廷周辺の空気を知るうえで注意したい。

## 士大夫という自恃

後醍醐天皇の朝廷で「政道」の学問がさかんであることは、「政道は淳素に帰すべし」と、花園上皇をも期待させるものだった（『花園院宸記』元亨二年二月一二日条）。しかし上皇は、内裏で「張り行」われる学風を全面的に支持していたわけではない。

すなわち、内裏で行われる学問は、『周易』および「論・孟・大学・中庸」の四書を重んじるもので（つまり宋学である）、「口伝無きの間、面々に自己の風を立」てている。そうした傾向を、上皇は、「理学を以て先となし、礼儀に拘《こだわ》らざる」とし、それを「近日の弊《へい》なり」とも評している。

「理学」は、天の理法と人倫の徳性をつらぬく「理」を究明する宋学のこと。前例にとらわれない後醍醐天皇の人材登用は、宋学を学んだ中流以下の貴族たちに、中国宋代の士大夫《したいふ》（儒教知識人）的な自恃《じじ》の意識を生み、それがときには、「礼儀に拘らざる」といわれるような振舞いともなったらしい。

日野資朝や日野俊基らが催した「無礼講」の寄合については後述する。既存の上下の礼（序列）を無視した後醍醐天皇の抜擢人事や政治手法は、その治世を「政道の中興」かと期待した花園上皇にとっても、さすがに容認しがたいものだった。

家格の序列や官職の世襲制を否定する後醍醐の人材登用は、すでに元亨年間の親政開始当初から始まっていた。「諸人、唇を反す」といわれた日野俊基の抜擢をはじめとする思い切った人事は、先例と故実を重んじる公家社会の内部からも反発を招いていた。

だが、そんな周囲の反発が、かえって天皇側近の中下級の貴族たちに、宋学とともに渡来した士大夫ふうの自恃の意識を生じさせたものらしい。また、そうした自意識を背景に、「当時の政道、正理に叶ふ」という日野資朝の発言もあったろう。

門閥《もんばつ》（権門）や家格の序列を解体してしまう後醍醐天皇の人事が本格化するのは、後述するように（第六章）、鎌倉幕府がほろんだあとの建武政権においてである。くり返しいえば、その背景にあったのは、中国宋代の中央集権的な国家イメージだった。

後醍醐天皇の念頭にあった「新政」（天皇親政）は、天皇、および天皇の統括する官僚機構に、すべての権力を集中させる統治形態である。そのような天皇親政のイデオローグとなったのが、宋学を受容した学者官僚である日野資朝や日野俊基など、士大夫的な自恃の意識をもつ中流（以下の）貴族だった。

# 第三章　討幕計画

## 討幕計画の始まり

元亨年間(一三二一—二四)の討幕の企てに天皇側近として参加したのは、『太平記』によれば、日野資朝、日野俊基、四条隆資《たかすけ》、花山院師賢、平成輔らである(第一巻「俊基資朝朝臣の事」)。なかでも、日野俊基は、公務に追われて謀《はかりごと》をめぐらす暇《いとま》がなく、そのため、延暦寺の衆徒《しゅと》が朝廷に訴えた奏状をわざと読み誤り、恥辱によって籠居《ろうきょ》すると称して、山伏すがたで、大和《やまと》、河内《かわち》の城郭となりそうな土地を見てまわり、さらに東国、西国へ下り、幕府に不満をいだく有力武士の有無など、地方の情勢を探索したという。

『増鏡』には、日野俊基は、紀伊国《きいのくに》へ湯浴《ゆあみ》に行くと称して「ゐ中ありきしげかりし」とあり、また日野資朝は、山伏すがたで忍んで関東へ下り、そのため、幕府内にも「宣旨を受くる者」が少なくなかったという(「春の別れ」)。

天皇親政のイデオローグである両人が、後醍醐天皇の意を体して、討幕勢力の動員に奔走・暗躍したことはたしかだろう。

また、『太平記』によれば、日野資朝は、「様々の縁を尋ね」て美濃《みの》源氏の土岐《とき》頼時《よりとき》、多治見《たじみ》国長《くになが》らを討幕計画に引き入れたが、なおもかれらの心底をたしかめるべく、「無礼講と云ふ事」を始めたという（第一巻「無礼講の事」）。

「無礼講」の寄合に参加したのは、日野資朝、日野俊基のほかに、花山院師賢、四条隆資、洞院実世らの天皇側近であり、また聖護院《しょうごいん》の玄基《げんき》などの僧侶、武士では三河《みかわ》源氏の足助重成《あすけしげなり》、美濃源氏の土岐頼時、多治見国長などである。その会合のさまは、つぎのようなものだったという。

その交会遊飲《ゆういん》の体《てい》、見聞耳目《けんぶんじぼく》を驚かせり。献盃《けんぱい》の次第、上下を云はず、男は、烏帽子《えぼし》を脱《ぬ》いで髻《もとどり》を放ち、法師は、衣を着《ちゃく》せずして白衣《びゃくえ》なり。年十七、八なる女の、みめ貌《かたち》好《いつくし》く、膚《はだえ》殊に清らかなるを二十余人に、褊《すずし》の単《ひとえ》ばかりを着せて、酌《しゃく》を取らせたれば、雪の膚《はだえ》透き通つて、太液《たいえき》の芙蓉《ふよう》新たに水を出でたるに異ならず。山海の珍《ちん》を尽くし、旨酒《ししゅ》泉の如くに湛《たた》へて、遊《あそ》び戯《たわぶ》れ舞ひ歌ふ。その間には、ただ東夷《とうい》を亡ぼすべき企ての外《ほか》は、他事なし。

側近の公家のほかに、武士や僧侶が加わり、文字どおりの酒池肉林の狼藉ぶりが語られる。上下の礼（序列、秩序）を無視した「無礼講」の寄合は、後述するように、『太平記』作者にとっかめたという。

ちは、地下《じげ》(宮中への出入りを許されない身分)の武士とも親しくまじわり、その心底のほどを確かめたという。

### 無礼講と芸能的寄合

後醍醐天皇の宮廷で「無礼講」が行われていたことは、『花園院宸記』の元亨四年(一三二四)一一月一日条からうかがえる。花園上皇が「或る人」から伝え聞いた話として、日野資朝や俊基らが「衆を結び会合して乱遊」していたことが記され、その「乱遊」のさまは、「或いは衣冠を着ず、ほとんど裸形にして」というものだった。

『太平記』のいう「献盃《けんぱい》の次第、上下を云はず、男は、烏帽子《えぼし》を脱《ぬ》いで髻《もとどり》を放ち、法師は、衣を着《ちゃく》せずして白衣《びゃくえ》なり」の記述を裏づけているが、「裸形」は、文字どおりのはだかではなく、地位や身分に応じた(服制の規範に則った)衣服を着ないこと。「無礼講」で無化される「礼」とは、「衣冠」や「烏帽子」(僧侶は「衣」の色)で標示される上下の礼であり、世俗的な身分や序列である。

身分や序列が無化される場を設定して、天皇とその側近たちは討幕の謀議を重ねてゆく。もちろんそれは、たんに人材をもとめる手段というにとどまらない。

たとえば、元弘三年(一三三三)五月に成立する建武政権において、後醍醐天皇は、執政の臣(摂政・関白)を置かず、また三公《さんこう》(太政大臣・左右大臣)以下の公卿を太政官八省の卿(長官)に貼りつけるなどして、みずから行政機構を統括する体制をつくっている(佐藤進一『南北朝の動乱』)。

天皇の親政を掣肘《せいちゅう》する公卿の合議制を解体し、天皇が官僚機構を統括して直接「民」に君臨する統治形態が、後醍醐天皇の企てた「新政」(天皇親政)である。それは門閥や家格のヒエラルキーを無視・否定することで実現される。そのような既存の序列(礼)が無化される象徴的な場として、「無礼講」の宴は催されたのだ。

後醍醐天皇の「新政」の企てと不可分に浮上した無礼講の風潮は、やがて建武政権下にあって、茶寄合や連歌会《れんがえ》といった芸能的寄合の爆発的な流行として現象することになる。

建武政権下の世相を「自由狼藉ノ世界」と口をきわめて批判するのは、建武元年(一三三四)八月に京の二条河原《にじょうがわら》に掲げられた「二条河原落書《らくしょ》」である(『建武年間記』所収)。建武政権を痛烈に批判するこの落書が、後醍醐天皇の「新政」によって既得権を奪われた者の手になることは後述する(第六章)。

## 文観、護持僧に

ところで、日野俊基が天皇の側近として抜擢された元亨三年(一三二三)は、文観弘真《こうしん》が宮廷に召された年でもある。文観はやがて、天皇の護持僧《ごじそう》となり、その付法(秘法の伝授)の師ともなった真言僧だが、もとは南都西大寺《さいだいじ》の僧侶であり、叡尊《えいそん》(一二〇一―九〇)の興した西大寺系の真言律宗の門徒だった。

永仁《えいにん》三年(一二九五)に、叡尊の高弟の西大寺二世長老信空《しんくう》から沙弥戒《しゃみかい》(少年僧が保つべき十種の戒)を受けた文観は、叡尊やその弟子忍性《にんしょう》が広めた文殊《もんじゅ》信仰の熱烈な信奉者となってゆく。

文観の法号は、文殊と観音から一字ずつ取ったものだが、正安《しょうあん》四年(一三〇二)の叡尊一三回忌にさいして、西大寺では文殊菩薩騎獅《きし》像が造立《ぞうりゅう》された。その胎内文書に、「西大寺小苾芻《しょうびしゅ》文殊持者《じしゃ》文観」(苾芻《びしゅ》は、比丘に同じ)、「西大寺殊音《しゅおん》文観房」(殊音は、文観の律僧としての法号)の署名がある。

文観の史料上の初見だが、青年時代の文観(当時二四歳)が、西大寺の律僧として叡尊の顕彰事業に参加し、また「文殊持者」(文殊の信奉者)を自任していたことが知られる。

西大寺流の律宗を興した叡尊(字は思円)は、醍醐寺で得度し、高野山で密教を学んだ真言僧である。真言僧として戒律(真言律)の復興を志した叡尊は、南都七大寺の寺格を持ちながら平安末には荒廃していた西大寺を再興した。そして同寺を拠点に、全国に真言律宗の教線を拡大したのだが、西大寺に入寺した文観も、正和五年（一三一六）に、叡尊ゆかりの醍醐寺で三宝院《さんぽういん》流（報恩院《ほうおんいん》方）の伝法灌頂を受けている。

文観に灌頂を授けた醍醐寺報恩院の道順《どうじゅん》は、延慶二年（一三〇九）に、後宇多法皇に印可《いんか》（受法を許す許可《こか》灌頂）を授け、また、東宮時代の後醍醐にも、正和五年（一三一六）に伝法灌頂を授け

図２　般若寺の文殊菩薩騎獅像とその矧ぎ面墨書銘（般若寺所蔵）

ている。道順は元亨元年(一三二一)に没し、文観はその高弟として天皇に召されたのだが、しかし後醍醐天皇の護持僧となったのちも、西大寺流の律僧としての文観の活動はつづけられた。

たとえば、正中の変が起こる六カ月前の元亨四年(一三二四)三月、奈良の般若寺《はんにゃじ》(西大寺の末寺)の経蔵《きょうぞう》本尊として、文殊菩薩騎獅像が奉納された。その木像矧《は》ぎ面の墨書銘に、文観の署名があり、銘文には「金輪聖主御願成就《こんりんしょうしゅごがんじょうじゅ》」とある(図2)。

「金輪聖主」は、至高の王を意味する仏教語であり、元亨四年の「金輪聖主」は、後醍醐天皇にほかならない。文観が後醍醐天皇の意を体して行った「御願成就」の祈禱とは、後述するように鎌倉幕府の討伐だったろう。

### 幕府御家人の内通

般若寺の文殊菩薩騎獅像の矧ぎ面にはまた、施主として「前伊勢守《さきのいせのかみ》藤原兼光《かねみつ》」の名が記される。この藤原兼光が、六波羅探題の評定衆《ひょうじょうしゅう》で引付頭人《ひきつけとうにん》の伊賀兼光だったことは、網野善彦氏によって指摘されている。すでに元亨四年(正中元年〈一三二四〉)の正中の変の時点で、天皇方に与する幕府高官がいたわけであり、天皇の討幕計画が、周到な準備のもとに進められていたことがわかる。

正中の変で動員された天皇方の軍事力の主力は、美濃源氏の土岐一族である。土岐氏は、鎌倉末の当主光定《みつさだ》が、北条貞時《さだとき》(九代執権《しっけん》)の娘を妻としており、幕府内でも有力な地位にあった。だが、嘉元三年(一三〇五)、土岐光定の子定親《さだちか》が、連署《れんじょ》北条時村《ときむら》の襲撃・殺害事件(嘉元の乱)に関与したために処刑され、土岐氏の嫡流は、定親の弟頼貞《よりさだ》に移っていた。正中の変が勃発した当時、美濃源氏の名門土岐氏は、幕府内部の権力争いに巻き込まれるかたちで、かつての勢威を失っていたのだ。

後醍醐天皇の宮廷に結びついた幕府の有力御家人《ごけにん》としては、ほかに常陸《ひたち》の名族小田《おだ》氏も注目される。六波羅頭人の小田時知《ときとも》と貞知《さだとも》は、建武政権下で記録所や雑訴決断所の奉行に任じられ、また小田氏嫡宗家《ちゃくそうけ》の高知《たかとも》は、天皇の諱《いみな》尊治の一字をもらって治久《はるひさ》と改名している(改名以前の高知は、北条高時の偏諱《へんき》を受けた名)。伊賀兼光と同様、天皇方に内通した幕府高官としての功が賞されたものだろう。

こうした幕府方の内通者は、京の六波羅のみならず、鎌倉にも少なからず存在した。『増鏡』には、日野資朝や俊基らの働きかけで、「あなたざま(鎌倉)にも宣旨を受くる者」がいたとある(「春のわかれ」)。北条得宗家《とくそうけ》や御内人《みうちびと》(得宗の家臣)の専横にたいする有力御家人層の不満は、後醍醐天皇とその側近たちのよく知るところであり、そうしたなかで、日野資朝や俊基らによる謀略活動も行われたのだ。

## 正中の変

後醍醐天皇と側近たちの討幕の企ては、しかし元亨四年(一三二四)六月、後宇多法皇の死をきっかけに表面化した大覚寺統の内紛で、大きく狂わされてしまう。

『増鏡』によれば、死をまえにした後宇多法皇は、皇太子の邦良親王を枕元に呼び、帝王の心得をさとし、また後醍醐の治世下で不遇をかこつ廷臣たちを引き立てるように遺命したという(「春のわかれ」)。そして法皇の死から二カ月後の同年八月、邦良親王の側近の六条有忠《ありただ》は、法皇の遺志を奉じて邦良親王の使者として鎌倉へ下った。

後宇多法皇の遺志は明確であり、六条有忠の対幕府工作が成功すれば、早晩、皇位は皇太子の邦良に移る。そうなれば、ようやく緒についた後醍醐天皇の親政も、道なかばにして途絶してしまう。幕府の裁定によって皇位が決められる以上、親政の理想をさまたげる最大の障害は、鎌倉の武家政権である。

後宇多法皇の死をきっかけに引き起こされた一連の事態が、天皇の企てが実行に移される引き金となってゆく。

南北朝の動乱は、かたちのうえでは、大覚寺統（南朝）と持明院統（北朝）の抗争だが、その発端となった正中の変は、むしろ大覚寺統内部の、後醍醐天皇派と邦良親王派との対立によって引き起こされたのだ。

後宇多法皇の死から三カ月後の元亨四年九月、討幕の企ては露見した。

『太平記』によれば、討幕計画に加わった土岐頼員《よりかず》が、六波羅の奉行斎藤利行《さいとうとしゆき》の娘を妻としており、寝物語で妻に計画をもらしたことから、事は露見したという（第一巻「謀叛露顕の事」）。

土岐頼員とその舅《しゅうと》斎藤利行を介して討幕計画が露見したことは、『花園院宸記』にも記される（元亨四年九月一九日条裏書）。花園上皇が伝え聞いたところでは、計画の内容とそれが露見した経緯は、つぎのようなものだった。

日野資朝や俊基らと「刎頸《ふんけい》の交わり」を結んだ土岐頼員は、しかし「事のならざるを恐れ」、舅で六波羅探題の奉行斎藤俊幸（利行）に密告して、事は露見した。

土岐頼員が同族の多治見国長から聞いた企てとは、北野社の祭礼が九月二三日にあり、祭りには喧嘩がつきもので、祭りの当日に喧嘩・騒擾《そうじょう》を引き起こす。武士たちがその鎮圧に向かっている隙に、六波羅を襲撃し、その後、関東の軍勢の上洛に備えて、延暦寺と興福寺の僧兵に命じて、宇治・勢多《せた》を固めさせるというもの。

この密告を受けて、六波羅ではさっそく多治見国長と土岐頼有《よりあり》を召したが、両人は召しに応じず、そこで九月一九日の早朝、六波羅の軍勢が多治見と土岐の宿所に赴いて合戦となり、両人は自害、また討幕計画の主謀者である日野資朝と俊基は六波羅に拘引されたという。

密告した人物を土岐頼員、またはその妻とする両説があったわけだが、ともかくこの密告によって、美濃源氏の土岐頼有(岩波文庫本『太平記』は「頼時」。流布本の「頼貞」は誤り)と多治見国長は、六波羅勢に宿所を急襲されて討ち取られた。

『太平記』によれば、まず土岐の宿所には、六波羅北探題の手勢として山本時綱《ときつな》が向かった。土岐はただちに応戦したが、多勢に無勢とみて、「腹十文字に掻き切つて」自害した。多治見の宿所には、小串範行《おぐしのりゆき》率いる千余騎の軍勢が押し寄せたが、多治見の家来小笠原孫六《おがさわらまごろく》が敵をくいとめるあいだに、一族若党は鎧・兜に身を固めて六波羅勢を迎え討ち、大いに奮戦した。だが、近江守護《おうみしゅご》佐々木時信《ときのぶ》の軍勢に背後から攻められ、多治見以下二二人の者は、たがいに差し違えて自害した(第一巻「土岐多治見討たるる事」)。

### 幕府側の対応

かくして討幕の企ては未然に潰《つい》え、主謀者の日野資朝、日野俊基は、六波羅探題に拘禁された。そして四日後の九月二三日に、後醍醐天皇の特使として、万里小路宣房が関東へ向かうことになる。

花園上皇が伝え聞いたところでは、資朝と俊基の両人は、天皇の意を体して陰謀を企てたとの風聞があり、その「御陳謝のため」に、万里小路宣房は関東へ下ったという（『花園院宸記』元亨四年九月二三日条）。

幕府側で宣房に応対したのは、内管領《ないかんれい》（御内人の筆頭で、北条得宗家の家老）の長崎高資《たかすけ》である。どんなやりとりがあったかは不明だが（『花園院宸記』には「街談巷説万端《ばんたん》たり」とある）、ともかく幕府は、宣房の弁明をいれ、朝廷には手だしをしない旨を伝えた。

この時期、奥州では蝦夷《えぞ》が叛乱を起こし、また蝦夷管領を世襲していた安東《あんどう》氏の一族に内紛が起きていた。さらに安東氏の内紛にからんだ幕府内部の権力争いも激化しており、幕府としては、対朝廷問題でこれ以上事《こと》を荒立てたくなかったのだ。

そして一〇月二二日、帰京した宣房は、「無為《ぶい》の由《よし》」、すなわち関東からは咎めのない由を報告した。後醍醐天皇と廷臣たちは安堵し、さっそく除目が行われ、権中納言宣房は、二階級特進して権大納言に任じられた。いっぽう、日野資朝、日野俊基、祐雅《ゆうが》法師の三名は、事件の真相究明のために鎌倉へ送られた。

## 正中の変の虚実

万里小路宣房が勅使として関東へ下った話は、『太平記』ではかなり物語化して語られる（第一巻「主上御告文関東に下さるる事」）。宣房が関東へ下ったのは、『太平記』では、なぜか史実よりも一年近くあとの正中二年（一三二五）七月である。

すなわち、正中二年七月七日の乞巧奠《きっこうでん》（たなばた祭）の夜、天皇の御前に伺候していた吉田冬方の発案によって、こんどの陰謀は、天に誓って帝の関与がない旨を記した告文《こうぶん》を鎌倉へ送ることになる。

告文は吉田冬方が代筆し、万里小路宣房がそれを携えて勅使として鎌倉へ赴いた。その告文をめぐって鎌倉では評定が行われ、幕府重臣の二階堂道蘊《どううん》は、帝の告文を臣下が披見するのは憚《はばか》りがあるとして、披かずに朝廷へ返すように北条高時を諫めた。だが、高時は、「何か苦しかるべき（なんの不都合があろうか）」と、斎藤利行に命じて告文を披かせた。すると、利行はたちどころに目がくらみ、鼻血を出し、その七日後に血を吐いて死んだ。

驚いた高時は、帝の治世は武家の与かり知るところではないと宣房に返答した。『太平記』はそこに、「時澆季《ぎょうき》（注、末世）に及んで、道塗炭《とたん》に落ちぬと云へども、君臣上下の礼違《たが》ふ時は、さすが仏神《ぶつじん》の罰《ばち》もありける」と記している。

ここにいう「君臣上下の礼」云々は、『太平記』作者の基本的な価値観であり、それを善悪の基準として、北条高時（＝桓武平氏）の「悪行」による滅亡を語るのは、もちろん『平家物語』に倣った『太平記』のフィクションである（なお、『太平記』の第一部、第一―一二巻が、北条氏＝桓武平氏の「悪行」による滅亡を一二巻構成で語るのは、『平家物語』の一二巻構成に倣ったもの。岩波文庫『太平記（三）』「解説」、参照）。

史実としては、討幕計画が発覚した二カ月後の一一月一六日、北条一門の金沢貞将《かねさわさだゆき》が、五千騎という異例の大軍を率いて上洛し、六波羅南探題に着任した（『花園院宸記』同日条）。いうまでもなく、朝廷にたいする幕府の威嚇行動である。

なお、鎌倉に拘禁された日野俊基は、まもなく釈放されたが、日野資朝は、佐渡へ流罪となった。そして八年後の元弘二年（一三三二）、天皇の二度目の討幕計画が露見した元弘《げんこう》の変にさいして、資朝は佐渡で処刑され、俊基は再び捕らえられて、鎌倉で斬られることになる。

## 邦良の死と量仁の立太子

ところで、元亨四年（正中元年〈一三二四〉）一〇月下旬に万里小路宣房が帰京し、帝にたいする幕府の咎めがない由が伝わると、皇太子邦良親王側は、翌正中二年一月、六条有忠を再度鎌倉へ遣わし、天皇に譲位を勧告するよう幕府に働きかけた。また後醍醐天皇側も、側近の吉田定房を鎌倉へ送り、譲位の繰り延べを要請した。『花園院宸記』正中二年正月一三日条には、つぎのようにある。

近日、定房卿下向すべきの由風聞す。これに就き、春宮よりまた有忠卿鞭を掲ぐべしと云々。近年両方の使者同時に馳せ向かふ、世に競馬《くらべうま》と号す。

天皇の側近吉田定房と、皇太子邦良の側近六条有忠が、「競馬」のように鎌倉へ馳せ向かったという。皇太子邦良側の言い分は、いうまでもなく、故後宇多法皇が定めたように、後醍醐天皇は「一代かぎり」の中継ぎの天皇でしかないというもの。後宇多法皇の遺志は、嫡孫の邦良親王を正統の皇位継承者とするものだった。

しかし後醍醐天皇が退位を拒みつづけるうちに、もともと病弱だった邦良親王は、翌正中三年(一三二六)三月に急逝してしまう。そして皇太子邦良の死によって四月に改元され、正中三年は嘉暦元年となった。

邦良親王が死去したあと、後継の皇太子候補には、亀山法皇の最晩年の皇子である恒明親王、後二条天皇の第二皇子で邦良親王の弟の邦省《くにみ》親王、後伏見上皇の第一皇子の量仁親王(のちの光厳天皇)の三人がいた。

『増鏡』によれば、後醍醐天皇は、自分の第一皇子の尊良《たかよし》親王(母は二条為世《ためよ》の娘)、または第二皇子の世良《よよし》親王(母は西園寺実俊《さねとし》の娘)の立太子を望んでいたという(「春のわかれ」)。

嘉暦元年(一三二六)七月、幕府は朝廷へ使者を派遣し、後伏見上皇の皇子量仁親王を皇太子とする旨を伝えた。持明院統側の要請を受けた幕府としては、両統迭立の慣行に則った決定である。だが、『梅松論』によれば、この幕府の決定に、後醍醐天皇は、「われ神武《じんむ》の以往《いおう》を聞くに、未だ下《しも》として天下の位を定め奉る事を知らず」と激怒し、量仁の立太子が決まると、ただちに行動を起こしたという。

後醍醐院、逆鱗《げきりん》にたへずして、元弘元年の秋八月二十四日、ひそかに禁裏《きんり》を御出《ぎょしゅつ》有りて、山城国笠置山《やましろのくにかさぎやま》へ臨幸《りんこう》あり。

幕府による量仁親王立太子の決定が、元弘の変のきっかけだったとされるのだが、しかし嘉暦元年(一三二六)七月の量仁親王の立太子から、元弘元年(一三三一)八月の後醍醐天皇の笠置臨幸、すなわち元弘の変の勃発までは、五年の歳月が経過している。

量仁親王の立太子が、後醍醐天皇が討幕の決意を固めるきっかけとなったことはたしかだろうが、正中の変の失敗を経験していた後醍醐天皇と側近たちは、元弘元年(一三三一)までの五年のあいだ、より慎重かつ入念に討幕計画を進行させることになる。

# 第四章　文観弘真とは何者か

## 持明院統側の譲位要求

持明院統の量仁親王が立太子して二年後の嘉暦三年(一三二八)六月から一二月にかけて、父の後伏見上皇は、皇太子量仁の早期の即位を願って、日吉《ひえ》社、賀茂《かも》社、石清水八幡宮《いわしみずはちまんぐう》などに願書《がんしょ》を奉納した。

後醍醐天皇が文保二年(一三一八)に即位してから、すでに一〇年が経過していた。後醍醐のまえの持明院統の花園天皇の在位年数は一〇年である。両統迭立の原則からいっても、持明院統側にとって天皇の早急の交替は当然のことだった。

後伏見上皇は、量仁の一刻も早い即位を諸社に祈願すると同時に、後醍醐の譲位を要請する文書を鎌倉へ送った(「御事書幷目安案」宮内庁書陵部蔵)。そのなかで、上皇は、大覚寺統は後二条天皇の流れがすでに絶え、「当代(注、後醍醐)また一代の主たらしめたまふべきの由、先年定め申されおはんぬ」とし、後宇多法皇によって「一代の主」と定められた後醍醐天皇が皇位に居すわることの不当性を主張している。

後伏見上皇のこうした幕府への働きかけは、当然のことながら後醍醐天皇側にも伝わっていた。だが、このときの後伏見上皇の要請は、幕府に取り上げられることはなかった。というより、幕府ではこの時期、北条得宗家と内管領長崎氏との対立による政局の混乱で、朝廷の後継争いなどに関与している余裕はなかったのだ。

持明院統側の策動は不発に終わったが、しかしこのときの一連のできごとは、天皇の地位が幕府の意向で決められること、すなわち、『梅松論』の後醍醐天皇の言でいえば(前掲)、「下《しも》として天下の位を定め奉る」という現実を、あたらめて天皇に突きつけるものとなった。

後醍醐天皇の宮廷で、中国宋代に興った新しい儒学、宋学が行われていたことは前述した。天子の位が、軍事力を背景にした「東夷《とうい》」の意向で決められるという現実が、宋学の名分論や華夷の弁を受容していた天皇と側近たちに、一刻も早い幕府の討伐(というより誅罰《ちゅうばつ》)の正当性を再認識させたことは想像にかたくない。

## 皇子たちと寺院勢力

元徳二年(一三三〇)三月、後醍醐天皇は、南都の東大寺と興福寺に行幸し、同月末に比叡山延暦寺に行幸した。比叡山では、天皇の行幸にあわせて、修造された大講堂の落慶供養が盛大に催され、法会は大塔《おおとう》の尊雲法親王《そんうんほっしんのう》と、妙法院《みょうほういん》の尊澄《そんちょう》法親王によって執り行われた。

尊雲（のちに還俗して護良《もりよし》親王）と尊澄（還俗して宗良《むねよし》親王）は、やがて天皇方（南朝方）の軍事活動の中核をになう後醍醐天皇の皇子である。『天台座主記《てんだいざすき》』によれば、尊雲法親王は、元徳二年の比叡山行幸のときの天台座主（延暦寺最高位の僧職）であり、弟の尊澄法親王は、同年一二月に天台座主に補任《ぶにん》されている。

後醍醐天皇は、衆徒三千ともいわれる延暦寺に二人の皇子を送り込んだわけだが、『太平記』によれば、元徳二年の南都北嶺への行幸は、「ただ山門《さんもん》、南都の大衆《だいしゅ》を語らひて、東夷を征罰《せいばつ》せられんための御謀《おんはかりごと》」だったという（第二巻「南都北嶺行幸の事」）。

尊雲法親王や尊澄法親王のほかにも、後醍醐の皇子の静尊《じょうそん》法親王は、天台宗寺門派の門跡《もんぜき》寺院、聖護院《しょうごいん》に入室していた。聖護院は、天台系の修験山伏《しゅげんやまぶし》の本寺であり、『太平記』によれば、元亨年間の「無礼講」には聖護院庁の法眼《ほうげん》玄基が参加していたとある。聖護院門跡の静尊法親王は、元弘の変で但馬《たじま》に流され、元弘三年（一三三三）の討幕戦では、山陰・山陽道から京へ攻めのぼる官軍の上将軍になっている。

後醍醐天皇の討幕に加担した山伏の勢力として注目されるのは、聖護院を本寺とするいわゆる本山《ほんざん》派（天台系）の山伏とともに、聖宝《しょうぼう》（平安前期の真言僧で、修験道中興の祖）ゆかりの醍醐寺三宝院を本寺とする当山《とうざん》派（真言系）の山伏である。

当山派の修験山伏は、吉野山や大峰山《おおみねさん》、葛城山系《かつらぎさんけい》(金剛山を主峰とする)を活動拠点としており、その一帯は、のちに南朝勢力の拠点となってゆく。その当山派を統括する醍醐寺の座主として、後醍醐天皇が送りこんだのは、大覚寺統に仕えた前関白鷹司《たかつかさ》基忠《もとただ》の子聖尋《しょうじん》である。

聖尋は、嘉暦二年(一三二七)に東寺長者《ちょうじゃ》に補任され、元徳二年(一三三〇)には東大寺別当を兼任した。『太平記』によれば、聖尋は「もとより二心なき忠義」の者であり、元弘の変が勃発すると、京を脱出した天皇を東大寺に迎え、東大寺に親鎌倉方の勢力があるとみるや、自分が別当をつとめる笠置寺へ天皇一行を迎え入れたという。元弘の変が勃発して後醍醐天皇と側近たちがまず頼ったのが、真言の大僧正聖尋だった。

## 中宮御産の祈禱

聖尋はまた、嘉暦年間の中宮禧子の御産の祈禱にも参加していた(『増鏡』「むら時雨」)。『太平記』によれば、正中の変が起こる二年前の元亨二年(一三二二)春から、天皇は中宮禧子の御産の祈禱と称して、諸寺諸山に命じてさまざまな大法、秘法を行わせたという(第一巻「関東調伏の法行はるる事」)。

中宮御産の祈りに仮託した幕府調伏の祈禱だったとされるが、しかしこの御産の祈禱が行われたのは、『太平記』のいうような正中の変以前（元亨年間）ではなく、『増鏡』が記すように、正中の変のあと、元弘の変以前の嘉暦・元徳年間である。

「御産御祈目録」（続群書類従所収）によれば、中宮禧子の安産祈禱は、嘉暦元年（一三二六）六月に開始された。『増鏡』には、「山（注、比叡山）、三井寺《みいでら》、山階寺《やましなでら》（興福寺）、仁和寺、すべて大法《たいほう》、秘法《ひほう》、祭《まつり》、祓《はら》へ、かずをつくして」行われたが、御産のきざしはいっこうにあらわれず、「十七、八、二十、三十月にも余らせ給ふまで、ともかくもおはしまさねば、いまはそらごとのやうにぞなりける」とある。

三年余りに及んだ御産の祈禱は、まったく効果があらわれず、人々は中宮の懐妊は「そらごと（虚事）」かと疑ったというのである。

また、鎌倉幕府の第一五代執権をつとめた金沢貞顕《さだあき》の書状にも、鎌倉側からみたこのときの中宮御産の祈禱が記されている。金沢貞顕が、子息の金沢貞将（六波羅南探題）にあてた二通の書状のうち、元徳元年（一三二九）一〇月中旬と推定される一通に、つぎのようにある。

一、中宮御懐妊の事、実《まこと》ならざる間、御祈り等止《や》められ候へども、禁裏《きんり》一所御坐《いっしょぎょざ》の由、その聞こえ候ふ。実事に候ふか。承り存ずべく候ふなり。

一、禁裏、聖天供《しょうてんぐ》とて□□御祈り候ふの由承り候ふ、不審に候ふ。

中宮懐妊のことが「実ならざる」ゆえに祈禱はとりやめとなり、「禁裏一所」（帝お一人）が祈禱の座についているという風聞だが、その事実関係を、京にいる子息の貞将にたずねたもの。また、僧侶たちの祈禱がとりやめになったのに、帝だけがまだ「聖天供《しょうてんぐ》」（後述）の修法を行っているのが「不審に候ふ」というもの。

もう一通の書状は、同じく子息貞将にあてた元徳元年一二月中・下旬と推定される書状であり、そこにも、中宮懐妊の祈禱のことが記される。

一、中宮又御懐妊候ふとて、十一月二十六日、京極殿《きょうごくどの》へ行啓《ぎょうけい》の由承り候ひ了んぬ。比興《ひきょう》申すばかりも無き事に候ふか。御祈りの事、言語道断《ごんごどうだん》に候ふか。

一、禁裏御自ら護摩《ごま》を御勤むるの由承り候ひ了んぬ。

中宮がふたたび懐妊したとのことで、御産のために京極殿に退出した由を聞いたが、「比興申すばかりも無き事」というもの。「比興」は、興あること、道理にあわない、という二様の意味があるが、空振りに終わった前回の懐妊のうわさのあと、今回は、出産のために内裏を退出したとのことで「比興申すばかりも無き」というのは、今回の懐妊はたしかなことで、めでたいことこの上ないという祝意だろう。

また「御祈りの事、言語道断に候ふか」も、安産の祈禱が、さぞ（言いようもないほど）盛大に行われているだろうの意である（「言語道断」は、現代語の「言語道断」とは意味が異なる）。「禁裏御自ら護摩を御勤むるの由」も、父法皇に倣って複数の法流を受法した後醍醐天皇が、「御自ら護摩」を焚いて安産の修法を行っているということで、それ自体は「不届きなこと」（現代語のいわゆる「言語道断」）でもなんでもない。

## 中宮禧子をめぐる「物語」

中宮の懐妊とその安産祈禱について記した金沢貞顕の書状は、一般に、『太平記』第一巻「関東調伏の法行はるる事」の記事と結びつけて解釈されている。

『太平記』によれば、中宮の懐妊は事実ではなく、その安産祈禱は、じつはそれに事寄せた関東調伏の祈禱だったという。この『太平記』の記事を裏付けるものとして、前掲の金沢貞顕の書状も解釈されている。すなわち、書状の一節「中宮御懐妊の事、実《まこと》ならざる」は、懐妊を偽装した「不実」なことと解釈され、書状にいう「言語道断」も、現代語の「言語道断」に引きつけて、安産祈禱に事寄せた幕府調伏の祈禱を、とんでもない、不届きなことという意味で解釈されている。

さらに後醍醐天皇が中宮禧子の安産祈禱などを行うはずがないとするのも、『太平記』からみちびかれた解釈である。すなわち、『太平記』第一巻「中宮御入内《ごじゅだい》の事」によれば、後醍醐天皇は阿野廉子《あのれんし》を寵愛し、西園寺家から入内した中宮禧子は、「君恩《くんおん》葉よりも薄かりし（帝の愛情は木の葉よりも薄かった）」とある。

だが、この話は、白居易《はくきょい》の詩「上陽白髪《じょうようはくはつ》の人」をふまえてつくられている。白居易の詩は、楊貴妃《ようきひ》の嫉妬により、玄宗《げんそう》皇帝に拝謁の機会すらあたえられなかった宮女の悲哀を歌ったもの。『太平記』はそれを、後醍醐天皇の後宮の話にうつし替え、寵姫阿野廉子を楊貴妃に、また中宮禧子を、楊貴妃のために後宮で空しく年老いた上陽白髪の人になぞらえている。

そのような『太平記』によって流布した物語の延長上で、元徳年間に行われた中宮御産の祈禱も、それに仮託した関東調伏の祈禱だったとする（『太平記』に沿った）解釈が行われている。

しかし、さきに述べたように、西園寺家の禧子は、皇太子時代の後醍醐が「密かに盗み取」った女性である。その後の禧子との夫婦仲も良好だったらしいことは、『増鏡』の「わくかたなき御思ひ、年にそへてやむごとなうおはしつれば」云々からうかがえる（「秋のみ山」）。

また、ほかならぬ『太平記』にも、元弘の変で隠岐へ流される後醍醐天皇が京を発つ前夜、中宮禧子が人目もはばからずに六波羅をたずね、終夜《よもすがら》天皇との別れを惜しんだ話が記される（第四巻「先帝遷幸《せんこう》の事」）。第一巻の「君恩葉よりも薄かりし」云々とは、あきらかに矛盾する話である。

後述するように、『太平記』の第一巻は、第一二―一三巻などとともに、建武政権の批判を意図して、足利政権の周辺で加筆・改訂された巻である。そのような成立の経緯が考慮されるべき箇所であり、第一巻に語られる中宮禧子の入内や御産をめぐる記事も、その真偽をいったん疑ってみる必要がある（なお、南朝第二代の後村上天皇の生母、阿野廉子を「悪女」とする説も、後述するように、『太平記』第一巻や第一二巻によって流布した物語である）。

前掲の金沢貞顕の書状は、『太平記』第一巻の中宮禧子の物語に沿うようにして解釈されてきた。だが、いったん『太平記』的な読みの枠組《コード》みをはずして、書状の文面を虚心に読むなら、そこにいう「言語道断」も「比興」も、中宮御懐妊への祝意と読むのが自然である。とすれば、後醍醐天皇がみずから行ったとされる「聖天供」の修法も、通説とは異なる解釈が必要になるだろう。

## 「異形の王権」か？

後醍醐天皇がみずから聖天供の修法を行ったことについて、網野善彦氏は、天皇が在位中に俗体で修法を行うのは、「天皇史上、例を見ない異様さ」であるとしている（『異形の王権』）。

だが、後醍醐天皇の父後宇多法皇が晩年に記した「御遺告《ごゆいごう》」によれば、上皇は天皇在位中に複数の護持僧から受法し、灌頂を受けるための四種の行法、すなわち「十八道の契印《げいいん》、両部の大法、諸尊の瑜伽《ゆが》、深密《じんみつ》の印明《いんみょう》」を「究め習はざるは無」かったという（「後宇多院御手印御《ごしゅいん》遺告」大覚寺文書）。

後醍醐天皇の密教への傾倒は、父上皇の跡を追ったものであり、「天皇史上、例を見ない異様さ」とする網野氏の発言は、正確ではない。げんに天皇がみずから行う修法のうわさを伝え聞いた金沢貞顕が、それをとくに不審に思っている様子は、少なくとも書状の文面からはうかがえない。

とすれば、問題は、みぎにあげた一番目の金沢貞顕書状の解釈である。すなわち、中宮懐妊のうわさが「実ならざる」ゆえに僧侶たちの安産祈禱は取りやめとなったのに、天皇一人がまだ「聖天供」の修法を行っていること、それを貞顕が「不審に候ふ」と述べていることの意味である。

聖天（歓喜《かんき》天とも）は、密教の守護神であり、ふつう象頭人身の男女二尊が和合するすがたで造形される。ヒンドゥー教に由来するその怪異な像容が、日本仏教には珍しいタントラ教の歓喜仏を連想させることから、網野氏は、「後醍醐はここで人間の深奥の自然――セックスそのものの力を、自らの王権の力としようとしていた」と述べている。

網野氏はまた、このセックスと王権というテーマを、後醍醐天皇の密教の師、文観弘真が「邪教」真言立川流の中興の祖とされる通説に結びつけるのだが、網野氏のこの「異形の王権」論の前段階には、元徳年間の中宮懐妊について論じた百瀬今朝雄氏の論文があった（「元徳元年の「中宮御懐妊」」）。

百瀬氏は、聖天供の修法が怨敵降伏《おんてきごうぶく》に用いられた例をあげ、元徳年間に後醍醐の修した聖天供の修法も、中宮の安産祈禱を隠れみのとした関東調伏の祈禱であるとした。そのうえで、金沢貞顕の書状の記述をもとに、「護摩の煙の朦朧《もうろう》たる中、揺らめく焰を浴びて、不動の如く、悪魔の如く、幕府調伏を懇祈《こんき》する天皇の姿を思い描いて、（幕府首脳部は）身の毛をよだたせたのではなかろうか」と述べている。

百瀬論文のこの（やや文飾過多な）一節は、網野氏の著書にそのまま引用されて広く流布している。こうした後醍醐イメージが、「妖僧」文観のイメージと結びついて、網野氏の異形の王権論の核心をなしていることはたしかである。

だが、内田啓一氏によって指摘されたように、平安時代以来、しばしば貴族社会周辺で行われた聖天供の修法は、除災と招福、富貴や子宝(夫婦和合)を祈願するものであり、それ自体はけっして後醍醐の修法の特異性を示すものではない。

かりにそれが、怨敵降伏を目的として行われたとしても、御産の祈禱は、ふつう安産を妨げるもののけ(怨霊)の調伏祈禱として行われるのであり、その具体例は、『紫式部日記』『栄花物語《えいが》』『源氏物語』『平家物語』などに枚挙にいとまがない。すなわち、金沢貞顕の書状にいう「聖天供」の修法を、ただちに幕府調伏の祈禱に結びつける百瀬氏(および網野氏)の説には無理があるのだ。

文観を「邪教」立川流の中興の祖とみなすことも、後述するように、江戸時代に広まった俗説でしかない。巷間に流布した「異形」「異類」のイメージからはいったん離れて、後醍醐天皇と密教、また後醍醐の付法の師である文観弘真について考える必要があるわけだ。

## 真言密教の受法

ところで、密教における秘事・秘法の伝授儀礼は、院政期以降、一種の社会慣習（ハビトゥス）として公家社会に浸透していた。天皇家の血脈《けちみゃく》（皇位）の相承は、密教の灌頂儀礼のアナロジーとして執り行われ（即位灌頂という）、近世・近代の家元制へつづく芸道の資格授与も、中世に始まる諸芸・諸道の灌頂儀礼に由来している（著名な例は、平家琵琶〈平家物語〉の灌頂巻《かんじょうのまき》である）。

そんな社会慣習を背景として、密教僧は朝廷周辺で重用されたのであり、それは大覚寺統・持明院統を問わない公家社会全般の風潮だった（ちなみに、持明院統の花園上皇も出家以前に灌頂を受け、元弘元年〈一三三一〉八月に、五大虚空蔵《ごだいこくうぞう》法の修法を俗体で行っている。――岩橋小弥太『花園天皇』）。

真言密教（東密）の修法と教学には、平安前期の聖宝《しょうぼう》、仁海《にんがい》を流祖とする小野流と、益信《やくしん》、寛朝《かんちょう》の流れを汲む広沢流とがある（いわゆる野沢《やたく》二流）。小野流は醍醐寺と勧修寺、広沢流は仁和寺を拠点寺院とするが、後醍醐天皇の父の後宇多上皇は、出家以前の「御俗体の時」（『大覚寺門跡略記』）に、小野・広沢の両流を受法している。

徳治二年（一三〇七）四月、醍醐寺報恩院の憲淳《けんじゅん》から三宝院流の伝法灌頂を受けた後宇多上皇は、翌年に、憲淳の弟子道順《どうじゅん》からも受法した。

道順は、正和元年(一三一二)に、皇太子時代の後醍醐に印可(許可灌頂)を授けており、後醍醐はまた、即位前年の文保元年(一三一七)に、勧修寺流の栄海《えいかい》からも印可を受けている。道順、栄海は、ともに父後宇多上皇(法皇)に寵愛された僧侶である。後醍醐天皇の受法関係は、いずれも父から引き継いだものであり、父法皇は後醍醐の付法の師ともいえる存在だった。

北畠親房の『神皇正統記』は、後醍醐天皇の密教の受法について、つぎのように述べている。

仏法にも御心ざしふかくて、むねと真言をならはせ給ふ。はじめは法皇に受けましましけるが、後に前大僧正《さきのだいそうじょう》禅助に許可《こか》まで受け給ひけるとぞ。(中略)この度はまことの授職《じゅしき》と思しめししにや、されど猶《なお》許可に定まりにきとぞ。それならず、又諸流をも受けさせ給ふ。又諸宗をも捨てたまはず。本朝、異朝、禅門の僧徒までも内に召してとぶらはせ給ひき。

はじめは父後宇多法皇から受法したが、のちに仁和寺の禅助から許可灌頂(印可)を受けたという。禅助は、父法皇の出家の戒師をつとめた広沢流の高僧である。禅助から灌頂を受けたのは、父の跡を追ったのであり、すでに小野流の法流を受けていた後醍醐は、父法皇の事績をたどるように広沢流を受法したわけだ。

こうして真言密教の二つの法流を受法した後醍醐天皇のまえに現れ、その学識と才気によって天皇を魅了した真言僧が、文観弘真だった。

## 文観弘真の登場

文観(真言僧としての法号は弘真)は、弘安元年(一二七八)に播磨国《はりまのくに》に生まれ、一三歳のときに法華山一乗寺《ほっけさんいちじょうじ》(兵庫県加西《かさい》市)で出家・得度した。法華山は、真言律宗の開祖叡尊ゆかりの寺院であり、法華山で得度した文観は、二年後には、叡尊がかつて止住した奈良西大寺へ入寺し、西大寺二世長老の信空《しんくう》から沙弥戒を受けた。

正安三年(一三〇一)に、信空から両部灌頂《りょうぶかんじょう》(金胎《こんたい》両部の秘法を授ける灌頂)を受けた文観は、同年中に醍醐寺報恩院の道順から三宝院流の具支《ぐし》灌頂(法流のすべてを具《そな》え授ける灌頂)を受けている。阿闍梨位を持つ正規の真言僧となったのだが、そのいっぽうで、翌正安四年の叡尊一三回忌に造立された文殊像の胎内納入品に、文観および殊音《しゅおん》(文観の律僧としての法号)の署名がみられることは前述した。

醍醐寺で得度した叡尊が、西大寺流の律宗を興したのちも、醍醐寺や高野山と関係を持ちつづけたように、文観もまた、正規の真言僧でありつつ、西大寺流の律僧としての活動を継続したのだ。後述するように、文観の活動にとって、律僧という立ち位置が本質的な便宜をもたらしていたのである。

ところで、文観に灌頂を授けた醍醐寺報恩院の道順は、前述のように皇太子時代の後醍醐にも灌頂を授けていた。後醍醐天皇と文観は、同じ法流を受法していたわけだ。

日野俊基が天皇の側近として抜擢された元亨三年（一三二三）に、文観は内裏に召された。道順（元亨元年没）の高弟として召されたのだが、翌年の正中の変でなんとか事なきを得た天皇は、正中二年（一三二五）に文観を内供奉《ないぐぶ》に任じ、嘉暦二年（一三二七）には両部灌頂、元徳二年（一三三〇）には深秘《じんぴ》の灌頂とされる瑜祇《ゆぎ》灌頂を、いずれも文観から受けている。

## 後醍醐天皇の絵像

後醍醐天皇が天皇位にありながら伝法灌頂を受け、俗体で修法を行ったことに関連して、かならずといってよいほど言及されるのは、神奈川県藤沢市にある時宗総本山、清浄光寺《しょうじょうこうじ》（遊行寺）に伝わる後醍醐天皇の絵像である（図3）。

この絵像で、後醍醐天皇は、天皇の正装である黄櫨染《こうろぜん》の袍《ほう》を着、その上に袈裟《けさ》を掛けて、右手には密教の法具の金剛杵《こんごうしょ》（五鈷杵《ごこしょ》）、左手には金剛鈴《れい》（五鈷鈴）をにぎり、八葉蓮華《はちようれんげ》の敷物の上

図3　後醍醐天皇像(清浄光寺〈遊行寺〉所蔵)

に座したすがたで描かれている。

かつては、後醍醐天皇が幕府調伏の修法を行うさまを描いたともいわれたが、この絵像がしかし、文観を師として瑜祇灌頂を受けたすがたを写したことは、絵像に付属する文書「瑜祇灌頂之事」(「清浄光寺文書」)から知られる。

この後醍醐天皇像については、はやく黒田日出男氏が、両手の持ち物や、八葉蓮華の敷物から、大《だい》日如来《にちにょらい》と衆生を仲介する金剛薩埵《こんごうさった》(真言密教の付法第二祖)に天皇をなぞらえたものとした。また、内田啓一氏は、付属文書の「瑜祇灌頂之事」から、この絵像を、瑜祇灌頂を受けて金剛薩埵と一体化したすがたを描いたものとしている。

「瑜祇灌頂之事」によれば、天皇は、元徳二年（一三三〇）一〇月に文観から瑜祇灌頂を受け、灌頂を受けるにさいして、「仲哀《ちゅうあい》天皇の御宸服《しんぷく》、神武《じんむ》天皇の御冠」と「三国相承《そうじょう》の乾陀《けんだ》穀子《こくし》の袈裟」を身につけたという。

「三国相承の乾陀穀子の袈裟」は、入唐した空海が師の恵果《けいか》から譲られたとされる袈裟であり（付法第三祖の龍猛《りゅうみょう》着用の袈裟という）、いまも国宝として東寺に伝存する。また、「仲哀天皇の御宸服」と「神武天皇の御冠」は、とうてい実物とは思えないが、そうした由緒の品が朝廷に伝来したのだろう。

ところで、「神武天皇の御冠」に関連して注意したいのは、清浄光寺蔵の後醍醐天皇像が、通常の冠のうえに、冕冠《べんかん》（「神武天皇の御冠」だろう）をいただくという、きわめて不自然なすがたで描かれていることだ。

冕冠は、中国では、皇帝以下、士大夫以上の祭服として着用されたが、わが国では、天皇と皇太子だけに着用がみとめられ、とくに即位礼や朝拝などの大儀の折に着装するものとされた。しかし武田佐知子氏によって指摘されたように、そのような冕冠を、通常の冠のうえにさらにかぶるというのは、冠と冕冠の構造からして物理的に不可能なのであり、その点では、絵画や彫像においてのみ可能な像容だった。

## 聖徳太子への傾倒

冠のうえに冕冠を着装した後醍醐天皇像には、しかし武田氏が指摘したように、きわめて有名な人物のモデルが存在した。平安時代以来、日本仏教の教主として広く尊崇された聖徳太子である。

聖徳太子の数多い絵像や彫像のなかでも、太子四五歳のときの勝鬘経講讃《しょうまんぎょうこうさん》像は、黄櫨染の袍（天皇の正装）のうえに袈裟を掛け、冠のうえに冕冠をいただくすがたが、鎌倉時代には定型として成立した（図4）。冠のうえにさらに冕冠をいただくという、現実にはありえないすがたについて、武田氏は、冕冠の着装法を知らない画家が、ひたすら聖徳太子の至高性をきわだたせるために考案したのだろうと述べている。

たとえば、鎌倉中期に描かれた「聖皇曼荼羅《しょうこうまんだら》」（法隆寺蔵）には、聖徳太子と、父の用明《ようめい》天皇、また太子の後身とされた聖武《しょうむ》天皇の三人が描かれている。しかしこの三人の絵像で、冠のうえに冕冠をいただくのは、二人の天皇をさしおいて聖徳太子だけである。

天皇にもまさる聖徳太子の至高性を示す標識が、冠の上の冕冠であり、そうした聖徳太子像にみられる冕冠着装の絵像を下敷きにして、清浄光寺蔵の後醍醐天皇像も描かれたというのが、武田氏の推測である。

清浄光寺の後醍醐天皇像は、聖徳太子の勝鬘経講讃像とおなじく、黄櫨染の袍の上に袈裟を掛け、冠のうえに冕冠をいただくすがたで描かれる。違いといえば、経典を講讃する太子が、左手に麈尾《しゅび》(説法に用いる法具)を持つのにたいして、後醍醐天皇は、右手に密教法具の五鈷杵、

図4　聖徳太子勝鬘経講讃像
(四天王寺所蔵)

左手に五鈷鈴を持つ。黒田氏や内田氏が指摘したように、まさに大日如来と衆生を媒介する金剛薩埵に同一化したすがたである。と同時に、深秘の灌頂を受けた後醍醐天皇は、在俗にして至高の仏教者である聖徳太子に重ね合わせたすがたで描かれたのだ。

天皇として在俗の身でありながら、袈裟をつけ、密教の法具をもつというのは、しかし父後宇多上皇の影響下に受法した後醍醐天皇であってみれば、かくべつ奇異なすがたとはいえない。後宇多上皇も、やはり出家以前に伝法灌頂を受け、治天の君として俗体で修法を行ったのだが、清浄光寺蔵の後醍醐天皇像の特異性は、むしろ冠の上に冕冠をいただくという聖徳太子とのイメージの重ね合わせにあるだろう。

たとえば、聖徳太子信仰のメッカである四天王寺には、聖徳太子自筆とされる『四天王寺御手印縁起』が現存する。寛弘《かんこう》四年(一〇〇七)に四天王寺で発見されたというこの書物には、聖徳太子の御手印(なるもの)が押されている。建武二年(一三三五)に本書を四天王寺から召しよせた後醍醐天皇は、みずからこれを書写し、奥書に太子自筆の原本に倣って手印を押している(図5)。

後醍醐天皇は、後述するように(第八章)、崩御するまで天皇の位にとどまり、ついに出家することはなかった。そのような天皇にとって、在俗にして至高の仏教者である聖徳太子は、ま

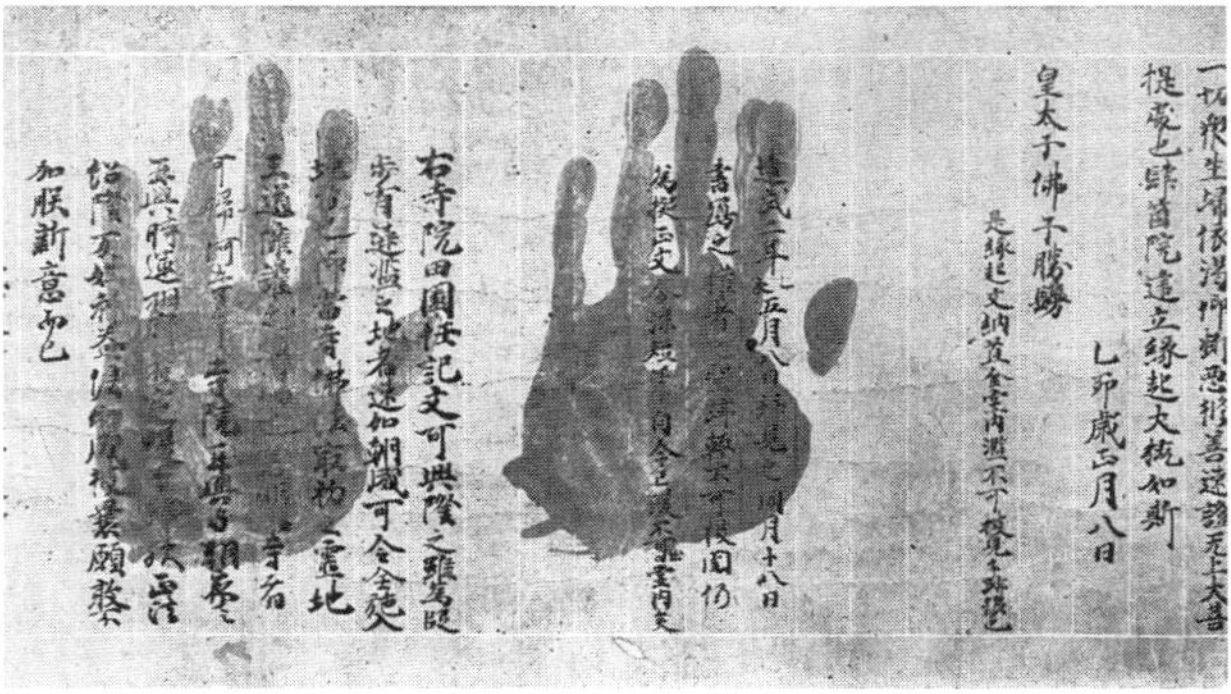

図5　後醍醐天皇宸筆御手印(四天王寺所蔵『四天王寺縁起』より)

さに至高の王権を体現する理想の存在だった。

## つくられた「妖僧」イメージ

元徳三年(一三三一年、八月に元弘と改元)五月、小野の文観僧正、法勝寺《ほっしょうじ》の円観《えんかん》上人、浄土寺の忠円《ちゅうえん》僧正らが、幕府調伏の祈禱を行ったかどで捕らえられ、六月に鎌倉へ送られた。幕府は、文観らが行った修法の図絵をもとに、それが紛れもない調伏の法であるとの証言を得て、三人の僧を流罪に処した。

七月に、正中の変で放免された日野俊基が再度逮捕され、身の危険を感じた後醍醐天皇は、八月に三種の神器《じんぎ》(皇位の正統性を示す宝器)を帯して内裏を脱出した。元弘の変の勃発である。

鎌倉へ送られた三人の僧侶は、『太平記』によれば、文観は拷問のすえに罪状を認め(『平家物語』の西光《さいこう》のイメージである)、忠円は「天性臆病《おくびょう》の人」で、「責められぬ先に」白状におよんだが、円観(字《あざな》は恵《え》鎮《ちん》)だけは、日吉山王《ひえさんのう》や不動明王の加護によって拷問をまぬがれたという。

円観(恵鎮)が『太平記』できわめて好意的に語られるのは、後述するように、かれが『太平記』の成立に深く関与したからである。また、円観とは対照的に、文観がきわめて批判的・否定的に語られるのも、『太平記』の成立過程の問題と無関係ではない。

後醍醐天皇の側近として仕えた文観は、建武政権下で、醍醐寺座主と東寺長者(やがて東寺座主)を兼任し、真言僧として栄達の頂点をきわめた。

そんな文観は、しかし建武政権の崩壊後は、その地位を、足利尊氏に仕えた三宝院賢俊《けんしゅん》に取って代わられる。また真言宗内部の宗派的な対立から「異類」「異人」などと誹謗された文観は、やがて「邪教」真言立川流との関わりさえ取り沙汰されるようになる。

後醍醐天皇に近侍した「妖僧」文観のイメージは、網野善彦氏の「異形の王権」論の核心をなすイメージでもあるが、そんな文観のネガティブ・イメージが形成される前提には、『太平記』に語られる「邪魔外道《じゃまげどう》」の文観像があった。

## 『太平記』の文観

『太平記』第一二巻は、さきに述べたように、建武政権の失政と、その政権下で奢りをきわめた者たちを痛烈に批判している。

たとえば、戦乱の直後にもかかわらず、後醍醐天皇が大内裏の造営を企て、諸国に重税を課し、インフレを招くような紙銭《しせん》を発行し、近臣や後宮の内奏《ないそう》(密々の奏上)を容れて、政務や訴訟裁決に公正を欠いたことなどが批判される。

幕府討伐の功によって征夷大将軍に任じられた(つまり足利尊氏のライバルとなった)護良親王は、第五巻や第七巻で語られた戦う貴種としての凜々しいイメージとは打って変わって、第一二巻では、「心のままに侈《おご》りをきはめ、世の譏《そし》りを忘れて、淫楽《いんらく》をのみ事とし給ひ」云々という不行跡ぶりが糾弾される。

天皇の隠岐《おき》流罪に随行した千種忠顕《ちくさただあき》は、建武政権下での奢りをきわめた所行が、「僭上無礼」「国の凶賊」と指弾され(第一二巻「千種頭中将の事」)、天皇の厚い信任を得ていた護持僧の文観は、つぎのように口をきわめて批判される(同「文観僧正の事」)。

一旦名利《みょうり》の境界を離れて、三密瑜伽《さんみつゆが》の道場に入《い》り給ひし甲斐《かい》もなく、ただ利欲名聞《りよくみょうもん》にのみ趍《はし》つて、更に観念定坐禅《かんねんじょうざぜん》の勤めを忘れたるに似たり。何の用ともなきに、財宝を倉に積んで、貧窮《びんぐう》を扶《たす》けず。武具を傍《かたわ》らに集め、幷《なら》びに士卒を逞《たくま》しうす。(中略)されば、程遠からぬ参内《さんだい》の時も、輿《こし》の前後に数百騎の兵ども打ち囲んで、路次《ろし》を横行しければ、法衣《ほうえ》忽《たちま》ちに馬蹄《ばてい》の塵《ちり》に汚《けが》れ、律儀《りつぎ》空しく人口の譏《そし》りに落つ。

後述するように、行学《ぎょうがく》ともにすぐれた文観の事績を考えれば、「利欲名聞《みょうもん》にのみ趍《はし》つて」云々は、ほとんど誹謗中傷といえる批判である。この直前に語られる千種忠顕の「国の凶賊」云々と同工の誹謗の言辞だが、後醍醐天皇の側近として栄達した二人がここまで批判されるのは、その原因として、『太平記』(というより、この第一二巻)の成立の経緯を度外視して考えることはできない。

### 文観の宿敵、三宝院賢俊

今川了俊の『難太平記』によれば、『太平記』の原本は、法勝寺の恵鎮(円観)が足利直義のもとに持参した「三十余巻」だったという。直義がそれを玄恵法印に読ませたところ、多くの「悪しきこと」や「違《たが》ひめ」があり、追って「書き入れ(加筆)」「切り出し(削除)」が済むまでは、本書の「外聞」は禁じられた。

『太平記』の第一二―一三巻は、建武政権の批判をテーマとしている。足利政権に近い作者（改訂者）による加筆をうかがわせる巻だが、たとえば、第一二巻における護良親王批判、千種忠顕や文観への誹謗の言辞は、この巻の作者の政治的立場が色濃く反映している。そんな『太平記』第一二巻に語られる「邪魔外道」の文観イメージが、後世の文観評価に決定的な影響を及ぼしているわけだ。

建武政権下で醍醐寺座主と東寺長者、東大寺別当を兼ねた文観は、『醍醐寺座主次第』に「功を積み歳月を経て、法験《ほうげん》無双の仁」とあり、また「祖師」（理源《りげん》大師聖宝）の「再来」ともいわれる。そんな文観に取って代わったのは、足利尊氏に仕えて「将軍の護持僧」ともいわれた三宝院賢俊である。

三宝院の僧正賢俊は、北朝に仕えた日野資名・資明の弟であり、『太平記』第一六巻によれば、建武三年（一三三六）一月、京合戦に敗れて九州へ落ちた足利尊氏が捲土重来《けんどちょうらい》、同年五月に京へ東上する途中で、尊氏に持明院殿の院宣を届けたという（『梅松論』は、賢俊の院宣持参を、同年二月、尊氏が九州へ落ちる途中のできごととしている）。そして同年六月の尊氏の入京とともに醍醐寺座主に任じられた賢俊は、同年末に東寺長者を兼任している。

文観とその一統を駆逐・排除するかたちで、賢俊は以後ほぼ二〇年間、真言密教界の頂点にあって「権勢比肩《ひけん》する人無《な》き」「栄耀」を極めることになる（『園太暦《えんたいりゃく》』延文《えんぶん》二年〈一三五七〉閏七月一七日条）。そして賢俊が権勢を振るったこの二〇年間は、『太平記』の前半部（第一―二部、第一―二一巻）が成立し、また足利政権の周辺で加筆・改訂が行われた時期であった。

すなわち、『太平記』第一二巻に語られる文観批判は、『太平記』の段階的な成立過程の問題を除外しては考えがたいのだ。

## 立川流という俗説

『太平記』における文観批判の言辞、「邪魔外道」云々の延長上で、文観を「邪教」真言立川流の徒とする説も受容されてきた。

文観を立川流に結びつけるのは、高野山の学僧宥快《ゆうかい》（一三四五―一四一六）が執筆した『宝鏡鈔《ほうきょうしょう》』である。この書物は、江戸時代に版本として広く流通したが、しかし文観を立川流の徒とする『宝鏡鈔』の説は、立川流研究（および文観研究）の先駆的な第一人者である守山聖真《しょうしん》氏によって、つとに俗説として却けられている。

すなわち、文観を立川流に結びつけるのは、宥快の『宝鏡鈔』のみであり、かれの文観批判には、宗派的な対立感情がまざっているから、その誹謗の言辞をそのまま鵜呑みにすることはできないとするのである。

また、文観の著述にみられる「赤白二渧《しゃくびゃくにたい》」云々のいわゆる立川流的な言辞が、じつは中世の密教界にひろく共有されたものであり、立川流がはたして「「流」と呼び得る存在」であったかどうかを疑問視する説も、その後、田中貴子氏や伊藤聡氏によって提出されている。

文観を立川流の徒とする『宝鏡鈔』は、建武二年五月日《じつ》の日付をもつ「金剛峯《こんごうぶ》寺《じ》衆徒《しゅと》奏状」を収録している。高野山金剛峯寺の衆徒が、東寺長者（一般に公卿出身者が補任される）に成り上がった「律家」の「勧進聖」、文観を弾劾したこの文書は、文観を「異類」「異人」（＝「非人」）と誹謗しており、律僧出身の文観にたいする差別意識があらわである。

そのような「異類」の僧正文観こそが、「聖天供」という「妖術」を後醍醐に伝授したとし、後醍醐天皇こそは「「異類異形」の人々の中心たるにふさわしい天皇であった」としたのが、網野善彦氏の「異形の王権」論だった。

『太平記』や『宝鏡鈔』の文観イメージの延長上にみちびかれた論といってよいと思うが、しかし『太平記』によって流布した「邪魔外道」の文観イメージは、近年大きく修正を迫られている。すなわち、阿部泰郎氏や内田啓一氏の研究によって、碩学の真言僧としての文観の精力的な執筆活動、またその卓越した画業の全貌などがあきらかにされつつあるのだ。

定されているのである。

聖徳太子の至高の王権イメージに重ね合わせて描かれた清浄光寺の後醍醐天皇像が「異形」とはいえないように、「異類」の僧正文観の「妖僧」イメージも、こんにちの研究水準では否定されているのである。

## 律僧という立ち位置

ところで、河内の観心寺や金剛寺など、楠正成ゆかりの真言宗寺院に、はやくから文観の影響力が及んでいたことを指摘したのは、黒板勝美氏である（「後醍醐天皇と文観僧正」一九二七年）。黒板氏は、後醍醐天皇の宮廷に正成を仲介した人物として、文観の役割に注目している。そのような媒介者《メディエーター》としての文観の役割を考えるうえで見落とせないのは、その律僧としての出自である。

後醍醐天皇の護持僧であり、付法の師でもあった文観は、建武政権下で醍醐寺座主と東寺座主を兼任し、真言僧として宗教界の頂点に立った。しかし建武元年（一三三四）九月、東寺の塔供養に大勧進（寺院の修理・造営にあたる勧進活動の総責任者）として参加した文観は、「律僧二人」をしたがえていたという（「東寺塔供養記」京都大学附属図書館蔵）。

真言僧として頂点に立ったのちも、文観の律僧としての活動は継続されていたのだ。もちろんそれは、西大寺系の真言律宗の開祖叡尊にたいする文観の個人的な信奉の念にもよるが、それとはべつに、天皇に近侍する文観にとって、律僧という資格が大きな便宜をもたらしていたようなのだ。

西大寺の叡尊が興した戒律復興の運動は、戒律の功徳を説いて殺生禁断を励行し、寺社の修造や、各種の公共事業、また「非人」救済などの実践的な社会活動をつうじて、貴賤上下の広汎な信仰を獲得した。叡尊が興した真言律宗の教団を、かれが止住した西大寺にちなんで西大寺系の律宗といい、また奈良時代の渡来僧鑑真《がんじん》がひろめた律宗から区別する意味で、南都系の新儀律宗ともいわれる。

もともと南都仏教界の自己改革として発生した叡尊の律宗教団は、僧綱《そうごう》の補任にあずからないことで、旧仏教界の内部で独自の位相を獲得したといわれる。

僧綱とは、官寺で得度した正規の官僧にあたえられる僧位・僧官のこと（僧正・僧都・律師など）。朝廷があたえる僧侶の官位であり、僧侶の世俗的なしがらみの標示である。そうした官寺・官僧のしがらみから自由になることで、律僧は寺院内外のさまざまな活動にたずさわり、勧進や施行など、広汎な社会活動の担い手となってゆく。

たとえば、中世の旧仏教諸大寺において、寺院経済をささえる大勧進職には、しばしば叡尊門下の律僧が起用された。

その理由として、松尾剛次氏は、律僧が寺院にたいして世俗的な関係をもたない遁世《とんせい》僧（いわゆる聖・上人）であること、したがって大寺院を構成する多くの院家や坊にたいして、公平な立場で資金分配ができたことをあげている。

それは、律僧の文観（殊音）のばあいでいえば、かれが世俗的なしがらみ（地位・身分）を超えて宮中ふかく出入りできたこと、そして僧侶はもちろん、公家や武家、さらに楠正成に代表される（「悪党」と呼ばれるような）在野の武士にいたるまで、はばひろい人脈を後醍醐天皇の宮廷に仲介できた理由である。

真言律僧という資格が、文観の活動にとって本質的な便宜をもたらしていたわけだ。たしかに文観は、律僧という立場を利用して、後醍醐天皇の軍事的な企てに協力し、その「新たなる勅裁」（『梅松論』）の政治に参画したのである。

## 媒介者《メディエーター》として

『花園院宸記』元亨四年（正中元年〈一三二四〉）一一月一日条によれば、同年九月に天皇の側近たちの討幕計画が露見したとき（正中の変）、西大寺の智暁《ちぎょう》が六波羅に捕らえられ、関東へ下されるといううわさが立った。「朝夕《ちょうせき》禁裏に寓直《とのい》」した智暁は、日野資朝らが催した「無礼講」の参加者でもあったが、智暁の関東下向は、うわさだけで終わったという。

智暁は、元徳三年(元弘元年〈一三三一〉)五月、討幕の企てが再度露見したとき(元弘の変)、文観、円観、仲円らとともに逮捕され、鎌倉へ送られた。「西大寺門徒」の智暁は、文観配下の律僧である。このとき同じく捕らえられた慶円《きょうえん》も、唐招提寺《とうしょうだいじ》の律僧である。また、同年九月の笠置合戦では、般若寺(西大寺の末寺)の律僧本性房《ほんじょうぼう》が、天皇方として奮戦している(『太平記』第三巻「笠置合戦の事」)。後醍醐天皇の討幕の企てには、南都の律僧が少なからず関与していたわけだ。

ところで、『花園院宸記』によれば、朝廷周辺で行われた「無礼講」は「飲茶の会」だったとある。茶会・茶寄合などの芸能的寄合の場を仕切るのは、世俗的な序列(礼)の世界から一定の距離を置いた遁世僧である。後醍醐天皇に近侍した律僧の智暁は、「無礼講」の寄合のコーディネーターでもあったろうが、かれら南都の律僧のなかでも、指導者的な地位にあったのが文観だった。

天皇側近の日野資朝や日野俊基らによって企てられ、文観配下の律僧によって演出《コーディネート》された「無礼講」の寄合は、後醍醐天皇の宮廷に、地下《じげ》を含む多様な人脈を媒介する場であったろう。そのような媒介者としての律僧の役割に関連して、もう一人注目される人物は、文観とともに後醍醐天皇の厚い信任を得ていた法勝寺の上人、円観(恵鎮)である。

## 「太平記作者」の小嶋法師

『太平記』によれば、円観は、比叡山の西塔で「智行兼備」とたたえられた僧である。祖師最澄《さいちょう》の定めた「旧規」に復帰することを願った円観は、黒谷《くろだに》別所で興円《こうえん》らがはじめた戒律復興の運動に参加した。

その間の経緯を、『太平記』は、「一度《ひとたび》名利《みょうり》の轡《くつばみ》を返して、永く寂寞《じゃくまく》の苔の扉《とぼそ》を閉ぢ給ふ。初めの程は、西塔《さいとう》の黒谷と云ふ所に居《きょ》を占《し》めて、三衣《さんえ》を荷葉《かよう》の秋の霜に重ね……」と述べている(第二巻「両三の上人関東下向の事」)。

だが、徳行はおのずから人の知るところとなり、朝廷に招かれて「五代聖主」(後伏見・花園・後醍醐・光厳・光明)の帰依を受けたが、「時の横災《おうさい》にやかかりけん」、関東調伏の祈禱を行ったかどで捕らえられ、「遠蛮《えんばん》の囚はれとなりて」鎌倉へ送られたという。

叡尊にはじまる真言系(南都系)の新儀律僧にたいして、円観らの天台系の戒律復興グループを、松尾剛次氏は北嶺系の新儀律僧としている。後醍醐天皇に近侍した律僧という点で、円観と文観はまさに対をなす存在だった。

しかし対をなすとはいっても、天皇との政治的な距離の取り方には相違がある。後醍醐天皇の政治的・軍事的な敗北に殉じて吉野へ赴いた文観僧正にたいして、円観上人は、建武政権の崩壊後も京都にとどまり、足利政権の依頼で、南北両朝の和平交渉の仲介役などをつとめている（第三〇巻「和田楠京都軍《いくさ》の事」）。

政治的な対立から一定の距離をおいた（文字どおりの）「上人」の立場で、まさに「その代の事ども、むねと……見聞き給ひし」人物である（今川了俊『難太平記』）。そのような天台系の律僧円観は、文観が東寺の大勧進に任じられたのにたいして、京都有数の大寺法勝寺の大勧進に起用されている。

勧進の聖・上人は、造寺・造仏等にあたる各種職人の統括者であり、また勧進活動の担い手となる各種の芸能の徒のオルガナイザーでもある。

『太平記』の成立を論じるさいに必ず言及される『洞院公定日記』応安七年（一三七四）五月三日条の「太平記作者」小嶋法師が、「卑賤の器」ながら「名匠の聞こえ有り」といわれたのも、「名匠」とは、文筆の才とともに、談義・講釈の芸にかんする評価だったろう（近代以前の語りの技芸と文筆の才との連続性については、拙稿「声と知の往還」『思想の身体――声』、参照）。

『太平記』「三十余巻」を足利直義のもとに持参した法勝寺の大勧進、円観の周辺に、『太平記』を談義・講釈する芸能の徒、たとえば「小嶋法師」などの法師形の「卑賤の器」たちをイメージすることは容易なのだ。

『太平記』が語る楠正成の合戦談や、護良親王の活躍談には、物語僧たちの談義・講釈の口吻がうかがえる。足利直義のもとで加筆・改訂が行われる以前の『太平記』(いわば原太平記)は、『難太平記』が述べるように、たしかに法勝寺の円観恵鎮の周辺でつくられたのである。

# 第五章　楠正成と「草莽の臣」

## 元弘の変の勃発

元徳三年(一三三一)五月、後醍醐天皇による再度の討幕計画が露見した。密告したのは、幼時の後見役であった側近の吉田定房である(『鎌倉年代記裏書』)。定房は、以前から天皇を諫めていたが、その無謀な企てが実行されるのを恐れて、あえて天皇を守るために密告に及んだともいわれる。

鎌倉から東使《とうし》(幕府の特使)が上洛し、主謀者として捕らえられた日野俊基は鎌倉へ送られ、翌年に斬られた。文観、円観(恵鎮)、忠円らの側近の僧侶は、鎌倉で詮議ののち流罪に処された。また、正中の変で佐渡に流されていた日野資朝は、佐渡の地で処刑された。

六波羅探題による厳しい追及が行われるなか、後醍醐天皇は、八月九日に元徳の元号を元弘と改め、その数日後には、尊雲法親王(護良親王)の進言によって三種の神器を帯して内裏を脱出した。

天皇につき従ったのは、『太平記』によれば、万里小路《までのこうじ》藤房《ふじふさ》・季房《すえふさ》兄弟、北畠具行《ともゆき》、洞院公《とういんきん》敏《とし》、千種忠顕らである。天皇一行は、まず南都へ向かったが、東大寺別当の聖尋の勧めにより笠置山に入った。

京都にとどまった側近の万里小路宣房、三条公明、洞院実世、平成輔らは六波羅に拘禁されたが、花山院師賢は、袞龍《こんりょう》の衣(帝の礼服)を着て天皇を装い、比叡山に登った。

比叡山では、天台座主の尊澄法親王(宗良親王)、および前天台座主の尊雲法親王が僧兵を率いて六波羅軍と戦った。しかし天皇に扮した花山院師賢の正体がばれてしまい、天皇方として奮戦していた僧兵らは、あっけなく四散した。

花山院師賢は天皇の跡を追って笠置山に入り、尊澄法親王も笠置山に赴いたが、尊雲法親王は、弟の尊澄と別れて、熊野《くまの》、十津川《とつかわ》方面へ向かった。

### 常盤木の夢

笠置山に入った後醍醐天皇は、山頂の笠置寺本堂を皇居として、幕府軍の攻撃に備えた。だが、笠置山は天然の要害ではあるが、近在の武士が味方に参るだけで、大名ともいえる有力武士が一人もいない。思いわずらう天皇がまどろむと、不思議な夢を見る。

場所は紫宸殿《ししんでん》(内裏の正殿)の前庭と思われるところに、大きな常盤木《ときわぎ》(常緑樹)があり、南側の枝がとくに茂りはびこっている。その下に、大臣以下すべての廷臣が北向きに列座し、南面した上座《かみざ》は空席になっている。帝が不思議に思っていると、童子二人が現れ、その空席こそが玉《ぎょく》座《ざ》であり、そこにしばらく御身を隠さるべしと告げたかと思うと、夢はさめた。

みずから夢解きをした天皇は、「木に南と書きたるは、楠《くすのき》と云ふ字なり」と気づき、笠置寺の僧を召して、「楠」と名のる武士の有無をたずねると、僧は、河内国の金剛山《こんごうさん》のふもとに「楠多聞兵衛正成《くすのきたもんびょうえまさしげ》」という武勇の士がいると答え、つぎのように楠正成を紹介する。

これは敏達天皇《びたつてんのう》四代の孫《そん》、井出右大臣《いでのうだいじん》橘諸兄《たちばなのもろえ》卿の後胤《こういん》たりといへども、民間に下つて年久し。これはその母若かりし時、志貴《しぎ》の毘沙門《びしゃもん》に参つて、夢想を感じて儲《もう》けたる子にて候ふとて、幼名《おさなな》を多聞《たもん》とは申し候ふなり。　（『太平記』第三巻「笠置臨幸の事」）

正成の母が夢想を得たという「志貴の毘沙門」とは、信貴山朝護孫子寺《しぎさんちょうごそんしじ》の本尊の毘沙門天である。寺伝によれば、聖徳太子は軍神毘沙門天の加護によって仏敵物部守屋《もののべのもりや》をほろぼし、その尊像を手ずから刻んだのが、本像であるという。

その信貴山の毘沙門天の夢想を得て母がもうけたのが正成であり、それゆえ正成は、幼名を「多聞」（毘沙門天の別称）と称したという。いくさ神の権化《ごんげ》ともいえる正成の尋常ならざる出生が、信貴山の毘沙門天や太子信仰とのかかわりで説明されるのだ。

## 楠正成の素性

『太平記』において元弘年間の討幕戦の最大の功労者とされる楠正成ではあるが、その出自は、「敏達天皇の四代の孫、井出右大臣 橘 諸兄卿《たちばなのもろえ》の後胤たりといへども、民間に下つて年久し」というもの。

橘諸兄の後胤とはいっても、諸兄から正成までは六百年の隔たりがあり、要するに「民間に下つて年久し」い民でしかない。そのような民間・在野の庶人《しょじん》と天皇との、世俗的な地位や身分をとび超えた結びつきが、霊夢という超自然的な契機によって説明されるのだ。

楠正成が笠置に召されたきっかけを天皇の霊夢とする『太平記』にたいして、足利政権周辺で編纂された『梅松論』は、元弘の変にさいして、楠正成は「叡慮を受け」て「錦の御旗《みはた》」を上げたとする。

正成の挙兵が、あらかじめ「叡慮を受け」たものだったことは、『増鏡』にも記される。『増鏡』によれば、元弘の変が勃発したとき、「事のはじめより」天皇から「頼み思《おぼ》されたりし楠の木の兵衛正成」は、河内国の自分の館を城郭にしつらえ、笠置の行在所《あんざいしょ》が危ういときは天皇を迎える準備をしていたという（「むら時雨」）。

　元弘二年（一三三二）から同三年の楠正成の河内・和泉・摂津・紀伊一帯での軍事活動は、幕府軍の崩壊をみちびく大きな動因となっている。正成の広汎かつ執拗な対幕府戦争は、後醍醐天皇の意を受けて、かなり周到に計画されたものだったろう。

　楠氏の素性については、後述するように、鎌倉期にさかのぼる確実な史料が少なく、定説をみない。いずれにせよ、「民間に下つて年久し」といわれるような河内の土豪《どごう》である。神仏の夢告《むごう》でもなければ、天皇にはその存在さえ知られないような身分だが、そんな正成を後醍醐の宮廷に仲介したのは、かつて黒板勝美氏が指摘したように、河内一帯の真言宗系寺院に影響力を及ぼしていた文観だったろうか。

## 「楠」か「楠木」か

　ところで、『太平記』で後醍醐天皇が楠正成を知るきっかけになった夢告では、夢から醒めた天皇は、みずから「木に南と書きたるは、楠と云ふ字なり」と夢解きをする。たしかに「木に南と書」けば「楠」である。だが、楠正成は、こんにち一般的には「楠木正成」と表記されている。

史料類には、「楠」「楠木」という両様の表記がみえるが、水戸藩で編纂された『大日本史』が「楠」を採用したことで、近世には「楠」の表記で確定した。幕末から明治にかけてベストセラーとなった頼山陽《らいさんよう》の『日本外史《がいし》』も「楠」である。

それにたいして、「必ず木の字を加」えて「楠木」とすべきだとしたのは、明治一〇年代に官撰国史の編纂にかかわった川田剛《かわだたけし》である。

明治一〇年（一八七七）、『大日本史』は准勅撰の国史とされたが、それと同時に、太政官直属の修史館で、『大日本史』を継承する国史の編纂が企てられた。

『大日本史』は、神武天皇に起筆し、南北朝の合一までを記している。建武の中興を、明治維新の王政復古の先蹤《せんしょう》とみなすのは、明治政府の公式見解であり、そのため『大日本史』の続編として企画された官撰国史も、叙述範囲を『大日本史』と一部重複させて、建武の中興を巻頭に置くかたちで編纂が計画された。

官撰国史の編纂事業は、『大日本史』の南北朝時代史を補修するかたちで開始されたわけだが、補修作業は、当然のことながら『大日本史』の記述を吟味し、その誤りを補正することが主要な作業となってゆく。

修史館の館員たちは、史実考証に新機軸を打ち出す意欲に燃えていたのだが、修史館に在職していた川田剛が、『大日本史』や『日本外史』の「楠」の表記に異議をとなえ、「卿《けい》(注、正成)の家号《いえのな》には、必ず木の字を加ふべき」(『楠氏考《なんしこう》』)と主張した背景にも、当時の修史館の空気がたぶんに反映していた。

川田剛が『楠氏考』を執筆していた明治一三年、同じ修史館の重野安繹《しげのやすつぐ》は「国史編纂の方法を論ず」と題した講演を行い、『大日本史』が紀伝体の体裁を完備していないこと、ゆえに『大日本史』でさえ拠るべき「正史」ではないことを論じた(『東京学士会院雑誌』第一編八号)。そして同年に川田剛が執筆した『楠氏考』(刊行されたのは明治一六年)では、約二〇種の「旧記古文書」をあげ、『大日本史』等が従来採用してきた「楠」は略表記であり、「楠木」と二字で表記するのが正しいとした。

この「楠木」説は、修史館の後身である帝国大学史料編纂掛(現在の東京大学史料編纂所)に受け継がれ、やがて帝国大学に設置された国史科の初代教授たちが、重野安繹や久米邦武など、いずれも史料編纂掛の委員だったこともあり、まもなく学界公認の説となってゆく。

こんにち、歴史研究の学術書はもちろん、学校教科書や一般書のたぐいも、楠正成は「楠木正成」と表記され、「楠」という表記は、軍記物語の『太平記』で目にするくらいである。『太平記』の解説書の類も(『太平記』本文に「楠」とあっても)「楠木」と表記するのが一般的である。

しかし川田が「楠木」説の根拠としてあげた「旧記古文書」の多くは、鎌倉幕府側の記録文書である。クスと読まれるのをさけて、「楠木」と表記した可能性も考えられる。

正成にかんして信用のできる最初の史料、正慶《しょうきょう》元年（元弘二年〈一三三二〉）六月日《じつ》の「故太宰帥《こだざいのそち》親王家御遺跡臨川寺領等目録《ごゆいせきりんせんじりょう》」（天龍寺文書）には、「楠兵衛尉」とある。ほかに、同時代史料では、「楠木」と記す花園上皇の書簡（後掲）にたいして、一条経通《つねみち》の日記『玉英《ぎょくえい》』（『玉英記抄』抄録）や、洞院公賢の日記『園太暦』は「楠」とする。

また、『増鏡』は「楠の木」とするが、『梅松論』『保暦間記』は「楠」であり、『太平記』諸本も、流布本はもちろん、室町期の古写本もすべて「楠」である。

川田剛の「楠木」説、すなわち「卿の家号《いえのな》には、必ず木の字を加ふべき」とする説は、必ずしも実証されているとはいいがたいのだ。したがって、歴史が所与の事実ではなく、それが制度化された言表（ディスクール）として受容されるしくみを考える本書では、川田説よりも以前に流布していた「楠」説を採用する。いうまでもないが、『太平記』の圧倒的な影響下に書かれた近世の史書・史論のたぐいは、すべて「楠」である。

## 正成の挙兵

楠正成が本拠地の河内国赤坂《あかさか》(現在の大阪府南河内郡千《ち》早赤阪村《はやあかさか》)で挙兵したのは、笠置山で天皇方と六波羅探題方の戦闘が始まった元弘元年(一三三一)九月である。こうした畿内の叛乱の知らせに、幕府は関東から大軍を派遣したが、大軍が到着するまえに笠置は落城し、後醍醐天皇も捕らえられた。

笠置城を攻め落とし、赤坂城を包囲した幕府の大軍をまえに、正成は知略を駆使して善戦したが、やがて糧食が枯渇し、他日を期して撤退することになる。

翌正慶元年(元弘二年〈一三三二〉)三月、後醍醐天皇は隠岐に流されたが、翌四月には、正成が再度挙兵し、河内から摂津天王寺へ進出した。また、大和・紀伊の山間地帯にあって討幕勢力の動員に奔走していた護良親王(尊雲法親王)は、同年一一月に吉野で挙兵した。そして楠正成や護良親王らの軍事活動は、まもなく幕府の手に負えなくなってゆくのだが、たとえば、同年一一月一五日付けの花園上皇の書簡(尊経閣文庫所蔵文書)に、

楠木の事、猶興盛《なおこうせい》に候ふか。昨日より門番衆等《ら》、鎧直垂《よろいひたたれ》を着て祗候《しこう》の間、定めて子細無く候ふかの由、推量し候ふ。ただ冥助《みょうじょ》の外憑《たの》む所無く候ふか。

とあり、楠軍の「興盛」にたいして、神仏の「冥助」に頼るほかない京都の公家社会の動揺ぶりがうかがえる。

『師守記《もろもりき》』正慶元年(元弘二年)一二月二日条によれば、天下の静謐を祈るために十二社へ奉幣《ほうへい》使《し》が派遣されたが、その理由はやはり「楠木の事」だった。正成の軍事活動が大きな脅威となっていたわけだ。

## 散所民の長者か

楠正成の「興盛」な活動をささえた軍事的・経済的な基盤については、従来、多くの論者によって議論されてきた。

元弘の変以前(鎌倉時代)の史料からは、楠氏の出自にかんするたしかな手がかりは得られない。そうしたなかで、楠氏の出自をうかがわせる唯一といってよい史料は、永仁三年(一二九五)春、播磨国大部庄《おおべのしょう》の百姓が、荘園領主の東大寺にあてた書状である(「播磨国大部庄百姓解状《げじょう》案」東大寺文書)。

大部庄の百姓が、雑掌《ざっしょう》(荘園の代官)の「種々の非法」を東大寺に訴えた書状だが、「非法を張り行」った三人の雑掌のうちの一人として、「楠河内入道」の名があげられる。畿内周辺の播磨(兵庫県南部)において、鎌倉後期に「河内入道」を名のった「楠」氏の史料だが(この史料にも、「楠木」ではなく「楠」とある)、河内に関係する楠氏であり、年代から考えて、正成の父かと推定されている(近世の系図類を信じれば楠正遠《まさとお》)。

この史料に関連して、林屋辰三郎氏は、「楠河内入道」が荘園の「雑掌」を請け負っている点に注目し、楠氏の出自を散所《さんじょ》とのかかわりから説いている。

散所とは、中世の荘園のなかでも、年貢の運上を予定しない地域をさす。耕作に適さない荒れ地や、海岸、山間地などに開かれた荘園だが、散所に暮らす散所民は、年貢を免除されるかわりに、漁労や狩猟、運送、清掃、警固、軍事などの雑役に従事し、また各種の工芸や加工技術にたずさわって製品をおさめ、余剰物の売買によって、中世の流通経済の主役にもなってゆく。

林屋氏によれば、そのような散所民たちの長者(親方)的な存在が、河内の楠氏だったろうという。たしかに『太平記』の語る正成の神出鬼没の活動、その的確な情勢判断や戦術をささえる情報網は、中世の流通機構の一翼をになった散所民とのかかわりから説明できようか。

荘園領主の依頼でその代官(雑掌)を請け負った「楠河内入道」も、百姓から年貢を徴収し、それを京に運んで、銭に替えたうえで荘園領主に納める必要から、配下には、年貢の取り立てから、その運送と警固(武力)、また米の相場や、流通・売買に通じた多くの者たちを従えていただろう。

楠正成の「興盛」な軍事活動の背景に、商業や軍事も含めた各種の雑業に従事する散所民を考えた林屋氏の説は、こんにちもなお有力な仮説といえる。

## 語り伝えた人々の思い

林屋氏の楠氏＝散所長者説にたいして、正成の兵衛尉《ひょうえのじょう》という官職に注目して、楠氏を鎌倉幕府の御家人、ないしは北条得宗家の被官(家来)とみる説も、古くから行われている。近世の編纂物ではあるが、『高野春秋編年輯録』や『鎌倉将軍家譜』は、元亨年間のこととして、河内国の住人楠正成が、幕府の代官として摂津、紀伊、大和などで軍事活動を行ったことを記している。

正中の変以前のことであり、かりにその記述を信じるなら(角川文庫『太平記(一)』補注で、岡見正雄氏はその信憑性に否定的である)、正成は幕府配下の御家人、または北条得宗家の家来ということになる。また、これらの記述をもとに、楠氏のルーツを駿河国入江荘の楠木村に比定し、駿河から河内へ送り込まれた得宗被官だったとする説も行われている。

いずれにせよ、楠氏の出自については、一次史料が決定的に不足しており、諸説ともに憶測の域を出ていない。真相は不明としかいいようがないのだが、しかし『太平記』に語られる楠正成の（講釈ふうに誇張された）武勇談や、かれをめぐる神秘的なエピソード——天皇の霊夢で呼び出された正成が、毘沙門天の申し子であり、観音の加護によって窮地を脱し、また聖徳太子の「未来記」を解読して未来を予知したり、など——から、正成の出自が、その物語を語り伝えた者たちの出自と微妙にクロスしていたとはいえると思う（拙著『太平記〈よみ〉の可能性』第四章）。

そこで注意されるのは、やはり散所とのかかわりを説いた林屋辰三郎氏の説である。年貢（農作物）の運上を予定しない散所には、各種の雑業・雑芸の徒が住み、声聞師《しょうもんじ》と呼ばれる宗教芸能民も集住した。

南北朝・室町初期に能楽を大成した観阿弥《かんあみ》・世阿弥《ぜあみ》父子は、大和猿楽《さるがく》の徒であり、興福寺や春日大社に仕えて、神事・芸能に奉仕した声聞師である。昭和期に発見・紹介された観世《かんぜ》系図には、観阿弥の母を楠正成の姉妹とするものがある（「伊賀上島家蔵観世系図」）。その系図の真偽はともかく、そのような系図伝承を生み出す素地が、楠氏の周辺に存在したことはたしかだろう。

天皇の霊夢で呼び出されるその神秘的な登場にはじまり、元弘年間の討幕戦の主人公ともいえる大活躍、そして湊川《みなとがわ》合戦での覚悟の戦死にいたるまで、楠正成は、『太平記』の数百人を超える登場人物のなかで、もっとも好意的・同情的に語られる人物である。

『太平記』は、その成立の直後(ないしは当時)から、法師形の「卑賤の器」小嶋法師が「太平記作者」として伝えられた(『洞院公定日記』)。小嶋法師は、前述のように談義僧・物語僧のたぐいと思われるが、そのような法師形の芸能の徒によってきわめて好意的・同情的に語られたことも、楠正成の出自の問題と無関係ではないだろう。

## 宮廷と「民」の回路

楠氏を散所長者とする林屋説はおくとしても、たとえば、楠正成＝得宗被官説を支持する新井孝重氏も、正成が「一カ所に居を定めない武装商人」だったことは認めている。武装した商人という出自は、後述するように、隠岐を脱出した天皇を助けて挙兵した名和長年にも共通するのである。

『増鏡』によれば、後醍醐天皇は「事のはじめより」正成を頼りにしていたという。かりに

（万が一）正成が、幕府の御家人や得宗被官だったとしても、かれは天皇に直接つかえる立場にはない河内の一土豪である。そんな正成を、後醍醐天皇が「事のはじめより」頼りにしていたという両者の結びつきは尋常ではない。

「民間に下って年久し」（『太平記』第三巻）といわれる正成は、当時の身分カテゴリーに従えば、「臣」（公家・武家）にたいする「民」である。そのような民と天皇との、世俗の序列（礼）を無視した結びつきを、『太平記』は霊夢という超自然的な契機によって説明する。しかし民間・在野の庶人が天皇と結びつく回路は、後醍醐天皇の宮廷にじっさいに（思想的に）用意されていたのである。

すでに述べたように、『太平記』第一巻は、天皇の側近たちが催した「無礼講」について語る。「無礼講」がじっさいに行われていたことは、『花園院宸記』元亨四年（一三二四）一一月一日条の、つぎの記事から確認できる。

凡そ近日、或る人の曰く、資朝・俊基等、衆を結び会合して乱遊す。或いは衣冠を着《ちゃく》せず、ほとんど裸形にして、飲茶の会有り。これ達士の風を学ぶか。嵆康《けいこう》の蓬頭散帯《ほうとうさんたい》、達士先賢、尚その毀教《ききょう》の譏《せめ》を免れず。何ぞ況《いわ》んや、未だ高士《こうし》の風《ふう》に達せず、偏《ひと》へに嗜欲《しよく》の志を縦《ほしいまま》にし、濫《みだ》りに方外《ほうがい》の名を称す。豈《あ》に孔孟の意に協《かな》はんや。この衆、数輩有り。世にこれを無礼講或いは破仏講と称すの衆と称す。緇素《しそ》数多《あまた》に及び、其の人数一紙《いっし》に載せず。去る比《ころ》六波羅に落つ或いは云ふ、祐雅法師自筆を染め書す。此の内に或いは高貴の人ありと云々。

『花園院宸記』に、「世にこれを無礼講の衆と称す」とあるのは、「資朝・俊基等」の天皇の側近たちが行う「無礼講」が、「世」のうわさになっていたことを示している。

「無礼講」の「乱遊」のさまは、「或いは衣冠を着せず、ほとんど裸形にして」というもの。「裸形」は、服制の規範に則った衣服を身に着けないこと。それは、『太平記』のいう「男は、烏帽子を脱いで髻《もとどり》を放ち、法師は、衣を着《ちゃく》せずして白衣《びゃくえ》なり」の記述を裏づけているが、「無礼講」で無化される「礼」とは、上下の礼であり、「衣冠」や「烏帽子」(僧侶は「衣」の色)で標示される世俗的な身分や序列である。

『花園院宸記』はまた、「無礼講」の「乱遊」が「飲茶の会」だったとしている。鎌倉末から南北朝にかけては、茶寄合や連歌会《れんがえ》(花の下《もと》の連歌)が大流行した時代である。茶寄合や連歌会の場は、原則として無礼講であり、そのような芸能的寄合の場は、天皇と地下《じげ》との同席すらありえた。『花園院宸記』に「此の内に或いは高貴の人あり」という「高貴の人」は、いうまでもなく後醍醐天皇をさしている。

こうした無礼講の場を設定して、後醍醐天皇とその側近たちは、討幕の謀議を重ねてゆく。もちろんそれは、たんに人材をもとめる手段というにとどまらない。天皇が「武臣」北条氏を介さずに直接「民」に君臨する政治原理が、臣下のヒエラルキーが無化される芸能的寄合の原理に(象徴的に)求められたということだ。

## 宋学と「破仏講」

「無礼講」の「乱遊」について、『花園院宸記』はまた、「達士の風を学ぶか(道に達した者の風儀を真似たものか)」とし、竹林《ちくりん》の七賢《しちけん》の一人である嵆康《けいこう》の例をあげる。

三国時代の魏《ぎ》の文人嵆康は、官途につかずに「蓬頭散帯《ほうとうさんたい》」、乱れた髪で衣服もつくろわずに、友人との清談《せいだん》のみを楽しんだという。花園上皇は、そんな清廉の士の嵆康でさえ、聖人の教えにそむいた(つまり経世済民《けいせいさいみん》の道を疎かにした)「毀教」の責めはまぬがれないとし、ましてや無礼講の衆が、嵆康のような「達士」「高士」でもないのに、みだりにそれを真似るのは、けっして「孔孟の意」にかなうものではないとしている。

同記はまた、「無礼講」と記した箇所に「或いは破仏講《はぶっこう》と称す」と割注を付している。宋学を大成した程頤や朱熹が仏教を批判したことはよく知られている。無礼講が「破仏講」ともいわれたのは、仏の教えを破る宋学にかぶれた者の集まりという意味である。無礼講(破仏講)の中心人物とされる日野資朝や日野俊基は、前述したように、後醍醐天皇の宮廷で宋学流行の担い手となった人物だった。

ところで、「破仏講」の呼称に関連して注意されるのは、『太平記』第一巻の「無礼講の事」につづく「昌黎文集談義《しょうれいぶんじゅう》の事」の章段で、韓愈《かんゆ》(号は昌黎《しょうれい》。中唐の政治家・文人)が「仏法《ぶっぽう》を破りて儒教《じゅきょう》を貴《たっと》ばるべき由」を上奏して左遷された故事が語られることだ。

討幕の謀議が六波羅探題に怪しまれるのを恐れた無礼講の会衆たちは、「事を文談に寄せ」るべく、玄恵僧都を招いて「文談」(詩文の談義)を行わせた。だが、玄恵が談じたのは、韓愈が「仏法を破りて儒教を貴ばるべき由」を皇帝に直言して左遷された故事であり、それを聞いた人びとは、左遷の先例を「不吉」として、その「文談」をやめさせたという。

韓愈が左遷されるきっかけとなった上奏とは、唐の第一一代皇帝憲宗《けんそう》を諫めた上表文「仏骨《ぶっこつ》を論ずる表」である。仏陀の遺骨(舎利《しゃり》)を拝むような仏教の迷妄を排して、「道徳」を興すべきことを皇帝に直言した韓愈は、「道学」すなわち宋学の源流に位置づけられる人物である。『太平記』に引かれる韓愈の故事は、無礼講が「破仏講」とも称された背景的な事情を説明している。

## 在野・民間の士と宋学

天皇が直接「民」に君臨する統治形態を企てた後醍醐天皇の念頭にあったのは、宋学とともに受容された中国宋代の中央集権(＝皇帝専制)的な官僚国家である。鎌倉幕府の滅亡後に樹立された建武政権において、後醍醐天皇がみずから官僚機構を統括する体制をつくりだしたことは、後述する(第六章)。

ところで、楠正成のような民間・在野の士が、天皇を助けて「天下草創」(『太平記』第三巻)に尽力する背景にも、この時代に流布した宋学の思想的な背景があったと思われる。

たとえば、こんにち伝わる正成の自筆文書は、大正・昭和期の南北朝史研究の大家、中村直《なお》勝《かつ》氏が注目したように、かなりの教養をうかがわせる筆致である(『南朝の研究』)。正成が当時最新の程朱の学を学んでいたとする中村氏の説も、たんなる臆説として却けることはできないと思うが、そのような教養人としての側面は、正成が幕府側の文書のなかで「悪党」と称された事実と矛盾するものではない。

さきに花園上皇の学問に関連して述べたように、宋学の流行とともにこの時代に重んじられた経書は、『孟子』である。『太平記』に『孟子』の語句や章句がさかんに引用されることは前述したが、楠正成と後醍醐天皇との結びつきに関連して注意されるのは、『孟子』のいわゆる「草莽《そうもう》の臣」の思想である。孟子の弟子万章《ばんしょう》が、あるとき、なぜ先生は諸侯に会おうとしないのかと尋ねたのにたいして、孟子はつぎのように答えた。

国に在るを市井《しせい》の臣と云ひ、野《や》に在るを草莽の臣といふ。皆庶人《しょじん》を謂《い》ふ。庶人は伝質《でんち》して臣たらざれば、敢《あ》へて諸侯に見《まみ》えざるは礼なり。（『孟子』万章章句下）

国都にあって仕官しない者を「市井の臣」といい、野《や》に在る者を「草莽の臣」という。かれらはみな無位無官の庶人であり、庶人は、伝質（献上物）を捧げて臣下とならないかぎり、諸侯の召しに応じないのが礼であるという。

「野《や》に在るを草莽の臣といふ」は、「在野」「草莽」という語の語源である。『太平記』第三巻で「民間に下つて年久し」と紹介される楠正成は、『孟子』の言でいえば、まさに「在野」「草莽」の「庶人」（民）である。

一介の「庶人」にもかかわらず、霊夢によって笠置の行在所に呼び出された正成は、天皇のまえで、「東夷」(鎌倉)の「近日の大逆《たいぎゃく》」にたいして「天誅《てんちゅう》を致」すべきことを説き、「正成未だ生きてありと聞こし召し候はば、聖運《せいうん》はつひに開かるべし」とたのもしげにいう。

そしてさっそく本国の河内に帰って挙兵するのだが、このような天皇の救済者としての民間・在野の士、楠正成の登場のしかたは、『太平記』では、児島高徳《こじまたかのり》や名和長年の物語にも共通するのだ。

## 「志士」という言葉の始まり

『太平記』第四巻には、元弘二年(一三三二)三月の後醍醐天皇の隠岐配流が語られるが、第四巻の半分以上の分量を占めているのは、呉越《ごえつ》合戦の故事である(「呉越闘ひの事」)。中国春秋時代の越王の勾践《こうせん》が、呉王の夫差《ふさ》に会稽山《かいけいざん》の戦いで敗れ、虜囚《りょしゅう》の辱《はずかし》めを受けたが、ついには「会稽《かいけい》の恥を雪《すす》」いだという、古来有名な故事説話である。この説話で、呉王夫差に勝利した越王勾践が、鎌倉幕府に最終的に勝利した後醍醐天皇になぞらえられているのはいうまでもない。

だが、失意の越王勾践を再起させた忠臣范蠡《はんれい》になぞらえられるのは、天皇側近の臣下ではなく、「その比《ころ》、備前国《びぜんのくに》の住人に、今木三郎高徳《いまきのさぶろうたかのり》と云ふ者あり」として、とつじょ物語に登場してくる在野の士、児島高徳である（「和田備後《びんご》三郎落書《らくしょ》の事」）。
後醍醐天皇の隠岐配流を伝え聞いた「備前国の住人」児島高徳は、配所へ送られる天皇の奪還を企て、一族を集めた評定の席で、つぎのように決意を述べる。

「志士仁人《ししじんじん》は身を殺して仁を為すことあり」と云へり。されば、衛《えい》の懿公《いこう》、北狄《ほくてき》のために殺されてありしをみて、その臣に弘演《こうえん》と云ひし者、悲しみに堪《た》へず、自ら腹を掻《か》き切つて、懿公の肝《きも》を己れが胸の内に収め、先君《せんくん》の恩を死後に報じて失《う》せたりき。「義を見てせざるは勇《ゆう》なし」と。いざや、臨幸《りんこう》の路次《ろし》に参り合ひ、君を奪ひ取り奉つて、則ち大軍を起こし、尸《かばね》を戦場に曝《さら》すとも、名を子孫に伝へん。

「志士仁人は身を殺して仁を為すことあり」は、『論語』衛霊公《えいれいこう》篇の一節である。つづく「義を見てせざるは勇なし」も、同じく『論語』為政《いせい》篇を典拠としており、また衛の懿公とその臣弘演の話は、『貞観政要《じょうがんせいよう》』等にみえる忠臣の先例である。
「備前国の住人」とされる地方武士には不似合いな漢学の素養だが、ともかくこのような檄を発した児島高徳は、一族とともに、隠岐の配所へ向かう天皇一行を待ち伏せする。しかし天皇一行が山陽道から山陰道へ道順を変えたため、高徳の支度は相違してしまう。せめて志だけでも「上聞《しょうぶん》に達せばや」と思った高徳は、ただ一人、院庄《いんのしょう》(現在の岡山県津山《つやま》市内)の天皇の宿所に「微服潜行《びふくせんこう》」し、庭前の桜の樹に、

天勾践を冗《いたず》らにすること莫《な》かれ　(天莫冗勾践)
時に范蠡無きに非ず　(時非無范蠡)

という「両句十字」の詩を書き付ける。翌朝、この詩を目にした天皇は、警固の武士たちが読みわずらうなか、ひとりその意味を解して微笑んだという。まさに「草莽の臣」が、みずからの「赤誠《せきせい》」の微衷《びちゅう》を天皇に披瀝した逸話として、古来、「桜樹題詩《おうじゅだいし》」の成句で知られる有名な話である。

## 『太平記』の嘘談、狂漢をも生ず

この「桜樹題詩」の説話の主人公、児島高徳は、建武の功臣にもかかわらず、建武年間の任官叙爵記のたぐいに名前がみえず、実在を確認できる同時代史料はまったく存在しない。

また、『太平記』が熱心に語るかれの行動も、すべて「行き違ひのみ」で、「元弘二年より正《しょう》平《へい》七年迄二十三年の間、一向図の当りし事がない」。明治二〇年代に帝国大学の国史科教授だった重野安繹によって、その実在さえ疑われた理由である（「児島高徳考」『史学会雑誌』明治二三年）。

しかし近世・近代に流布した「志士」という言葉（人のあり方）は、児島高徳が天皇の奪還を決意したときの言葉、「志士仁人は身を殺して仁を為す」によって巷間に流布したのだ。『太平記』の「桜樹題詩」の物語にはじまり、『大日本史』や『日本外史』でその「勤王」の事績が詳細に語られる児島高徳は、近世幕末の志士たち（明治維新の元勲たち）によって行動の手本とされた人物である。そのような児島高徳の実在が否定されたことは、明治二〇年代の言論界や政界を巻き込んだ一大スキャンダルとなり、新聞各紙から攻撃された重野は、「抹殺博士」という揶揄的な異名をとっている。

重野は当時、帝国大学史料編纂掛で進められていた官撰国史の編纂責任者だった。重野の同僚久米邦武は、その「抹殺論」を擁護し、明治二四年（一八九一）の『史学会雑誌』に、「太平記は史学に益なし」を連載した（同年四―九月）。

そのなかで久米は、『太平記』の「嘘談《きょだん》」が、「世の浮薄なる人」を扇動して「狂漢《きょうかん》をも生ずるに至る」と述べ、その「流毒《りゅうどく》」の最たる例として、児島高徳の物語をあげた。重野や久米の「抹殺論」史学が、世間の反発にあおられるかたちで、逆にボルテージを高めていったようすがうかがえる。

児島高徳の「抹殺論」に端を発した一連の騒動をきっかけとして、重野と久米はやがて帝国大学を追われ、かれらが進めていた官撰国史の編纂事業も中止が命じられた。かねてから重野や久米の「抹殺論」史学に反発を強めていた政府上層部の働きかけがあったのだが、その間の経緯については、べつに述べたことがあるので、ここでは省略する（拙著『太平記〈よみ〉の可能性』第九章）。

児島高徳の実在のいかんについては、その子孫を称した備前の戦国大名、宇喜田氏の系図の信憑性をめぐって、いまだに議論は決着していないようだ。後年の重野の見解にも、微妙な揺れがみられるのだが（『歴史地理』明治四三年）、しかしいずれにせよ、『太平記』の児島高徳が、楠正成などと同じく、たぶんに物語的につくられた人物だとはいえるだろう。

## 「あやしき民」名和長年

ところで、『太平記』第三巻の楠正成、第四巻の児島高徳とともに、その登場が、流離する天皇とその救済者という物語的（神話的）なパターンで語られるのは、第七巻の名和長年である。

名和長年は、『増鏡』で「あやしき民（注、身分のいやしい民）なれど、いと猛《もう》に富める」といわれ（「月草の花」）、禅僧季弘大叔《きこうだいしゅく》の日記『蔗軒日録《しゃけんにちろく》』には、もとは「鰯《いわし》売り」だったとする巷説も記される（文明《ぶんめい》一八年〈一四八六〉三月一一日条）。おそらく伯耆《ほうき》名和湊《みなと》を拠点として、漁業や海上交易によって巨富をきずいた武装した商人が、名和長年だったろう。

『太平記』第七巻は、隠岐を脱出した後醍醐天皇が名和長年を頼ったのは、天皇を乗せた舟がたまたま伯耆名和湊に漂着したからだとする。「たまたま」というのは、もちろん物語的な虚構だが、ともかく名和長年が天皇をたすけて船上山《せんじょうさん》で挙兵したことで、山陰地方はまたたくまに天皇方の制圧するところとなる。

いわゆる「三木一草《さんぼくいっそう》」（楠正成〈クスノキ〉、名和伯耆守長年〈ホウキ〉、結城親光〈ユウキ〉、千種忠顕〈チクサ〉）の一人とされる建武の功臣である。しかし元弘の変以前（鎌倉時代）の史料類には、名和長年の名は、楠正成や児島高徳と同じく見いだせない。

武装した商人（職人的武士）という点で、名和長年は、おそらく楠正成などと同様の「民間」の士である。正成については、金剛山で採掘される辰砂《しんしゃ》（水銀の原料）で財をなしたとする説も行われる。建武政権下で伯耆守となった名和長年は、京都の商業・流通経済を統括する東市《ひがしのいちの》正《かみ》にも任じられた（後述）。商業や経済関連の才覚が天皇に認められたものだろう。いわゆる「悪党」的な出自にもかかわらず、建武政権下で破格の昇進を遂げたという点で、楠正成と名和長年は、まさに一対の存在といえる。そしてくり返しいえば、これらの草莽・在野の士が天皇と結びつく思想的な回路が、後醍醐天皇の宮廷には用意されていたのである。

## 赤松挙兵と隠岐脱出へ

畿内周辺での楠正成と護良親王の軍事活動は、幕府が大軍を派遣したにもかかわらず、いっこうに終息するきざしはなかった。

むしろ護良親王の発した討幕の令旨に呼応するかたちで、各地の寺社勢力が蜂起し、「悪党」の叛乱が急速に地方へ飛び火してゆく。その代表ともいえるのが、播磨の赤松円心《あかまつえんしん》の挙兵である。

赤松円心の三男則祐《そくゆう》は、元弘の変が勃発する以前から比叡山に入山し、護良親王（尊雲法親王）に側近として仕えていた。則祐の仲介によって護良親王の令旨を得た円心は、元弘三年（一三三三）二月、本拠地の播磨の苔縄《こけなわ》城（現在の兵庫県赤穂《あこう》郡上郡《かみごおり》町）で挙兵した。そして山陽・山陰両道を差しふさぐと、ただちに東へ向かい、摂津兵庫の摩耶山《まやさん》（神戸市灘《なだ》区）に城郭をかまえた。

こうした天下の形勢をみて、閏《うるう》二月、隠岐を脱出した後醍醐天皇は、伯耆の名和長年を頼ったが、名和長年には、楠正成や赤松円心らと同様、かなり早い段階から天皇側のはたらきかけがあったものだろう。

天皇を迎えて船上山で挙兵した名和長年は、幕府方の追手を撃退し、まもなく船上山は、天皇方の数万の武士で充満することになる。

また、摂津の摩耶城で六波羅軍を撃退した赤松円心は、一気に兵を京へ進めた。さすがに京の周辺での六波羅方の反撃ははげしく、後醍醐天皇は、官軍苦戦の知らせに、船上山の行在所で戦勝祈願の修法を行い、また側近の千種忠顕を大将として、山陰・山陽両道の軍勢を京へ向かわせた。

## 鎌倉幕府滅亡

京で一進一退の戦闘がつづくなか、元弘三年四月、鎌倉では、北条一門の名越《なごえ》高家《たかいえ》と、外様ではあるが姻戚関係で身内ともいえる足利高氏《たかうじ》(高氏の名は、北条高時《たかとき》からの偏諱、やがて後醍醐の偏諱を受けて尊氏と改名)を大将として大軍を編成し、六波羅探題の援軍として京へ向かわせた。

だが、京に着いた足利高氏は、ひそかに船上山の天皇のもとへ使者を送り、幕府討伐の綸旨《りんじ》を得た。そして緒戦において、北条一門の大将名越高家が流れ矢に当たって落命すると、高氏は丹波路《たんばじ》をへて伯耆へ向かう途中、五月七日、丹波の篠村《しのむら》八幡宮で軍勢を反転させて、六波羅討伐の兵を挙げた。

同日の巳《み》の刻(午前一〇時頃)、足利高氏、千種忠顕、赤松円心らの軍勢は、一斉に京へ攻め寄せた。

六波羅方は衆寡敵せず、持明院統の光厳天皇、後伏見上皇、花園上皇、皇太子康仁《やすひと》親王らをともなって京を脱出し、鎌倉をめざした。だが、五月九日、近江国番場《ばんば》の峠で、五辻宮《いつつじのみや》(亀山院第五皇子)を大将とした野伏《のぶし》の大軍に包囲され、六波羅北探題の北条仲時《なかとき》以下、四百数十名は自害し、光厳天皇以下は京に連れもどされた。

関東では、護良親王の令旨を得て金剛山攻めをやめた新田義貞《にったよしさだ》が、本国の上野国新田荘《こうずけのくににったのしょう》(現在の群馬県太田市)に帰り、五月八日、同荘の生品《いくしな》明神で兵を挙げた。

鎌倉をめざして南下した新田義貞軍は、小手指原《こてさしはら》(埼玉県所沢市)、久米川《くめがわ》(東京都東村山市)、分倍河原《ぶばいがわら》(東京都府中市)の合戦に勝利して鎌倉に迫り、同月一八日、三方から鎌倉を攻撃した。

一進一退の攻防がつづくなか、二一日、義貞は稲村ヶ崎を徒渉して鎌倉へ攻め入り、翌二二日、高時以下の北条一族八七三人は、東勝寺《とうしょうじ》で自害した。

元弘三年五月、鎌倉の地に百数十年にわたって繁栄した北条氏は、かくしてわずかひと月たらずでほろんだのである。

# 第六章　建武の新政とその難題《アポリア》

## 二条河原の落書

鎌倉幕府が滅亡した翌年の建武元年(一三三四)八月、京都の二条河原に掲げられた落書《らくしょ》は、「此比《このごろ》都ニハヤル物……」として、後醍醐天皇の建武政権下の世相を、つぎのように評している。

此《この》比都ニハヤル物　夜討《ようち》強盗謀綸旨《にせりんじ》
召人《めしうど》早馬虚騒動《そらさわぎ》　生頸《なまくび》還俗《げんぞく》自由出家
俄《にわか》大名迷者《まよいもの》　安堵恩賞虚軍《そらいくさ》
本領ハナルル訴訟人　文書入《いれ》タル細葛《ほそつづら》
追従《ついしょう》讒人《ざんにん》禅律僧　下克上《げこくじょう》スル成出者《なりで》
器用ノ勘否《かんぷ》沙汰モナク　モ《(漏)》ルル人ナキ決断所
キ《(着)》ツケヌ冠《かんむり》上ノキ《(衣)》ヌ　持《もち》モナラハヌ笏《しゃく》持テ
内裏マジハリ珍シヤ

……(中略)……
京鎌倉ヲコキマゼテ　一座ソロハヌエセ連歌
在々所々ノ歌連歌　点者《てんじゃ》ニナラヌ人ゾナキ
譜第非成《ふだいひじょう》ノ差別ナク　自由狼藉ノ世界也
犬田楽《いぬでんがく》ハ関東ノ　ホロブル物ト云ナガラ
田楽ハナヲハヤル也　茶香十炷《ちゃこうじっしゅ》ノ寄合モ
鎌倉釣《づり》ニ有鹿《ありしか》ド　都ハイトド倍増ス
……(以下略)

落書が掲げられた二条河原は、建武政権の政庁が置かれた二条富小路内裏《にじょうとみのこうじだいり》と至近の距離にある。後醍醐の新政権に不満をいだく人物による時勢批判だが、落書の末尾に、「京童《きょうわらわ》ノ口ズサミ　十分ノ一ヲモラスナリ」とあるのは、京の口さがない庶民の口ずさみのほんのわずかを伝えたということ。

建武政権下の世相をたくみに諷したこの落書が、しかし庶民の口ずさみでつくられたとは思えない。

落書の一節に、「花山桃林《かざんとうりん》サビシクテ　牛馬華洛《からく》ニ遍満《へんまん》ス」とあるのは、『書経』武成《ぶせい》篇の、殷の紂王を亡ぼした周の武王が、「偃武《えんぶ》」（戦乱の終わり）のあかしとして、軍用の馬を「華山《かざん》の陽《みなみ》」に帰し、牛を「桃林の野」に放ったという故事をふまえたもの。落書の作者は、漢籍にもつうじた知識人である。

## 綸旨の乱発

落書の冒頭に、「夜討強盗謀綸旨《にせりんじ》」とある「謀綸旨」は、後醍醐天皇が乱発する綸旨を皮肉ったもの。綸旨は、天皇の意を体して蔵人が発給する文書であり、太政官から発せられる宣旨や詔書にくらべて、天皇の意思を直接的に下達する文書形式である。

新政を遂行するうえで、綸旨は、後醍醐天皇の主要な意思伝達手段として採用されたのだが、しかしつぎつぎに発給される綸旨は、その真偽を疑わせるような事態を引き起こしていたらしい。

京の六波羅探題が五月七日に陥落し、二二日に鎌倉の幕府が滅亡すると、後醍醐天皇は五月二五日、元号を正慶から元弘にもどし、伯耆船上山の行在所を発って京へ向かった。

六月五日に二条富小路内裏に帰還した天皇は、あえて重祚《ちょうそ》（再び位につくこと）の儀式を行わず、また光厳天皇が在位中に行った任官叙位のすべてを無効とした。光厳天皇が即位した元徳三年(元弘元年〈一三三一〉)九月以降も、後醍醐天皇は天皇でありつづけたのであり、要するに光厳天皇の即位も、その正慶という元号もなかったこととされたのだ。

現実に存在したものを観念的に否定するこの姿勢は、後醍醐天皇の政治姿勢の根幹にかかわる問題だろう。ともかくこうして、天皇の「新たなる勅裁」(『梅松論』)の政治は開始された。それは、後醍醐天皇が万機の政《まつりごと》を親裁する文字どおりの「親政」である。政治的な決定や訴訟の裁決は、すべて天皇の意思下達の手段である綸旨をもって行うとされた。

後醍醐天皇が京に帰還してまもない元弘三年(一三三三)六月一五日、元弘の乱で幕府に没収されていた所領を旧主に返す旨の、旧領回復令の官宣旨が出された。つづいて、朝敵所領の没収令、また旧幕府時代の誤審・誤判を正すための裁判の再審令が、やつぎばやに出された。それらの旧領安堵や訴訟の裁決も、すべて綸旨によるとされた。

その結果、それまで武家社会で認められていた「当知行《とうちぎょう》」の慣行、すなわち土地の実効支配(当知行)が二〇年以上になれば、理非を論ぜずその知行を認めるという、『御成敗式目《ごせいばいしきもく》』にも規定された慣行が無効となり、土地の所有権はいっきに流動化した。そしていったん無効とされた土地の所有権、所領の安堵や訴訟の裁決にも、すべて天皇の綸旨が必要とされた。

## 雑訴決断所の設置

「二条河原落書」にいう「文書入《いれ》タル細葛《ほそつづら》」を背負った「本領ハナルル訴訟人」たちで、京の町はあふれかえることになるのだが、こうした大量の訴訟人は、まもなく物理的に処理しきれなくなり、七月には、「当知行」の安堵は諸国の国司に任せること、また朝敵所領の没収令は、北条高時の一族とその与党に限るという、諸国平均安堵法が布達された。

その官宣旨によれば、綸旨による裁決は「万機こと繁く、施行に煩《わずら》ひ」があり、しかも諸国の輩が「遠近を論ぜず、京上《のぼ》り」して、「いたづらに農業を妨」げるわずらいがある。よって、朝敵(北条一門)とその与同の輩をのぞいて、「当知行」は従来どおり認めるというもの。

綸旨を万能とした天皇親政の方針が一歩後退したことになるが、それに呼応するように、九月には、訴訟処理の裁決機関として、雑訴決断所がもうけられた。

土地所有を審理する役所としては、後醍醐天皇の親政の開始からまもなく、記録所と恩賞方が設置されていた。だが、それらは訴訟の審理機関であって、裁決機関ではない。雑訴決断所の設置は、政務はすべて天皇の裁決(綸旨)によるとした原則の一歩後退だった。

だが、天皇が万機のまつりごとを統《す》べるという建武政権の基本方針に変更があったわけではない。天皇の意思すなわち綸旨は、雑訴決断所の決定よりも優先された。問題は、綸旨で示された天皇の意思が、近臣や後宮の「内奏《ないそう》」(密々の奏聞《そうもん》)によって左右された——少なくとも政権の周縁や外部からは、そのように見られた——ことである。

## 天皇の「勅裁」と側近の「内奏」

たとえば、『梅松論』に、「記録所、決断所を置かるといへども、近臣、臨時に内奏を経て非義を申し行ふ間、綸言《りんげん》、朝《あした》に変じ暮《ゆうべ》に改りしほどに、諸人の浮沈 掌《たなごころ》 を返すがごとし」とある。記録所や雑訴決断所で訴訟を処理しても、近臣の「内奏」によって朝令暮改《ちょうれいぼかい》がはなはだしかったというのだ。

近臣や後宮の「内奏」によって訴訟処理が混乱したことは、『太平記』にも、「内奏より訴人《そにん》勅裁《ちょくさい》を蒙《こうぶ》れば、決断所にて論人《ろんにん》に理《り》を付けらる。また決断所より本主《ほんしゅ》安堵を給ひければ、内奏よりその地を恩賞に行はる」とある(第一二巻「公家一統政道の事」)。

護良親王を失脚させて死に追いやったのも、『太平記』第一二巻は、足利尊氏の讒言をとりついだ寵妃阿野廉子の内奏によるとしている。その先例として、晋《しん》の献公の寵妃驪《り》姫が、継子の申生《しんせい》(春秋五覇の文公の兄)を讒言して自死させたという、『史記』所載の著名な先例説話が語られる。

孝子の申生を護良親王に、申生を死に追いやった継母の驪姫を後醍醐の寵妃阿野廉子になぞらえるのだが、その驪姫説話を語った末尾に、「古賢」のことばとして、「牝鶏《ひんけい》の晨《あした》するは、家の尽《つ》きんずる相なり（女が政治に口出しするのは、国家のほろぶ前兆だ）」とある。

『書経』牧誓《ぼくせい》篇を典拠とする言葉だが、政治に容喙《ようかい》する「悪女」の話は、中国の故事先例には枚挙にいとまがない。『太平記』や『梅松論』の政治的思考は、「牝鶏の晨するは……」云々の決まり文句によってパターン化されていたわけだ。

阿野廉子が悪女とされたのも、一つには、そうした類型的な思考の結果である。『太平記』の語る廉子の悪女イメージは、前述の文観の「妖僧」イメージと同様、いちど疑ってみる必要があるだろう。

### 異例の人事と「下剋上」

後醍醐天皇の意思決定（綸旨）が「内奏」によって歪められているという疑惑や批判は、しかし建武政権の内部からも起こっていた。たとえば、延元三年（北朝の建武五年〈一三三八〉）五月、北畠顕家《あきいえ》が上奏した諫奏《かんそう》状には、「卿士《けいし》、官女および僧侶のうち、多く機務の蠹害《とがい》をなし、ややもすれば朝廷の政事を黷《けが》す」とある。

建武政権の中枢部にあった北畠顕家(親房の嫡男)も、「卿士、官女および僧侶」らの内奏によって、天皇の政《まつりごと》が歪められていると考えていた。

そのように考えた北畠顕家の地位や立場を考慮すべき発言だが、しかし似たような思いは、政権の周縁や外部にあった者にはなおさらだったろう。すなわち、天皇の「勅裁」の真偽が疑われ、「二条河原落書」にいう「謀綸旨《にせりんじ》」の横行すら取り沙汰されたのだ。

「二条河原落書」にいう「俄《にわか》大名」や「下克上《げこくじょう》スル成出者《なりで》」は、出自や家柄・家格を無視して行われた後醍醐天皇の人事を批判したもの。異例の人事で昇進した建武の功臣の代表格は、さきに述べたように楠正成と名和長年である。

たしかな家系も出自もあきらかでない楠と名和だが、そんな「成出者」(成り上がり者)たちが、「キツケヌ(着)冠《かんむり》上ノキヌ(衣)」をまとい、「持《もち》モナラハヌ笏《しゃく》」を持って、「内裏マジハリ」をするさまは、おそらく建武政権によって既得権益を奪われた「二条河原落書」の作者にとって、まさに「下克上」の風俗であり、憤懣やるかたのないものだったろう(なお、隋代の陰陽道書『三命通会《さんめいつうかい》』等を典拠とする「下剋上(下克上)」は、この時代の流行語であり、『太平記』『神皇正統記』等に複数の用例がみえる)。

落書の作者は、建武政権の恩恵を受けない貴族・官人層だったろうが、しかし建武政権をささえるはずの後醍醐天皇に仕えた公卿(上級貴族)たちも、けっして先例を無視したその人事を支持していたのではなかった。

## 北畠顕家の諫奏状

北畠顕家の諫奏状は、延元三年(北朝の建武五年〈一三三八〉)五月一五日に執筆された。顕家が和泉国堺浦《さかいのうら》(現在の大阪府堺市)で戦死するわずか七日前である。そのなかで、顕家は、「諸国の租税を免じ、倹約を専らにせらるべき事」を説き、また「臨時の行幸および宴飲《えんいん》を閣《さしお》かるべき事」では、天皇とその側近たちの奢侈《しゃし》を批判している。

かつては憂国の至情を吐露した名文とされ、またこんにちの研究者のあいだでも、しばしば建武政権の失政(つまり後醍醐の不徳)を指摘した良識ある主張として高く評価されている。

そんな北畠顕家の諫奏状が後醍醐天皇の人事を批判していることは、建武の「新政」の歴史的評価に少なからぬ影響をあたえている。顕家の諫奏状は、たとえ勲功のある者でも、しかるべき家柄でない者には高い官位をあたえてはならないとし、建武政権下での「官爵の登用」の実態を、つぎのように批判している。

その仁《じん》にあらずして僥倖《ぎょうこう》の者、近年踵《きびす》を継ぐ。しかのみならず、或いは起家《きけ》の族《やから》、或いは武勇の士、先祖経歴の名を軽んじ、文官要劇《ぶんかんようげき》の職を望む。（中略）およそ名と器は猥《みだ》りに人に仮《か》さず、名器の濫《みだ》りなるは僭上《せんじょう》の階《きざはし》なり。しかればすなはち、任官登用はすべからく才《さい》地《ち》を撰ぶべし。その功ありといへども、その器《うつわ》に足らざれば、厚く功禄を加へ田園を与ふべし。

「名と器は猥りに人に仮さず」は、『春秋左氏伝』成公二年条の文言であり、顕家の父北畠親房が執筆した『神皇正統記』後醍醐天皇条にも、同じ文言がみえる。名と器（官職や位階）はみだりにあたえるものではなく、「任官登用」はあくまで「先祖経歴」の先例にしたがうべきである。近年、「起家の族」（成り上がり者）や武士が、先祖の卑しい経歴も顧みずに要職を望み、それを許されているのは、上下の秩序を乱す「僭上」のもとである。たとえ戦功があったとしても、その家柄でない者には、官職や位階ではなく、俸禄や田畑をあたえるのがよい。

従三位左近衛中将の北畠顕家は、元弘三年（一三三三）八月に陸奥守を兼任した。陸奥守（奥州国司)は、建武政権の奥州経営をになう重要ポストである。さらに建武二年(一三三五)一一月には、関東を実効支配する足利氏を牽制する北方の軍事的なかなめとして、鎮守府将軍に任じられた。

しかし鎮守府将軍に就任するにさいして、顕家は、「将軍は五位に相当するなり。三位已上《いじょう》は位高くして職下《くだ》る」と主張して、鎮守府将軍に「大の字を申し加へん」ことを奏請した。そのため、とくに後醍醐天皇の勅許があって、顕家を「鎮守府大将軍」に任じたという。

顕家の父親房の記した『職原鈔』の伝えるところだが、延元三年の諫奏状にみられるように、家柄や家格に相応した任官叙位は、顕家にとって政事《まつりごと》の根幹に位置づけられるべき問題だった。

## 父親房の『職原鈔』と任官叙位

北畠顕家のこうした考え方は、父親房の『職原鈔』の執筆意図でもあった。『職原鈔』は、興国《こうこく》元年(北朝の暦応三年〈一三四〇〉)に、親房がその該博な知識をかたむけて執筆した官職の故実書である。官職のそれぞれには相当する位階が明記され、官職と位階の関係が一目でわかるようになっている。

建武年間の後醍醐天皇の親政下では、官職と位階の相当規定を無視するような人事が行われた。そんな公家社会の故実に悖《もと》る人事こそが建武政権を崩壊させたと考える親房が、その失政の轍をふまぬようにと、南朝二代の後村上天皇に献上した官職の故実書が、『職原鈔』である。たとえば、建武元年(一三三四)六月に行われた除目で、後醍醐天皇は、みずからの後見役でもあった側近の吉田定房を准大臣に任じた。この人事にかんして、『職原鈔』(群書類従本)には、つぎのようにある。

先朝後醍醐院の御時、前大納言定房、名家《めいけ》としてこれ(注、准大臣)に任ず。無念といふべし。

「名家《めいけ》」は大納言を上限とする家格である。名家にもかかわらず、吉田定房が准大臣(同年九月には内大臣)に任じられたことが、「無念」だというのである。

『職原鈔』を執筆していた当時、親房は、南朝方の関東経営の拠点として、常陸の小田城に入り、さらに関城、大宝城《だいほう》と転戦していた。しかし小田治久らの東国武士の再三の官位要求にもかかわらず、親房は、任官叙位の先例・故実を根拠として、まったく要求に応じていない。親房の五年に及んだ関東経営が失敗した一因もそのへんにあったのだが、そうした関東経営のあり方は、父親房の薫陶のもとに奥州経営にあたった鎮守府大将軍の顕家にあっても、基本的に同様だったろう。

後醍醐天皇への諫奏状のなかで、顕家は、任官登用はすべからく「先祖経歴」の先例に拠るべしと主張している。それは要するに、清華家《せいがけ》(大臣・大将を経て太政大臣にいたる家格)の北畠家の立場からする公家故実の思想である。だが、そのような任官叙位の故実にもとづく臣下のヒエラルキーを解体することにこそ、後醍醐天皇の企てた「新政」の眼目はあったのだ。

## 既得権と世襲制の打破

後醍醐天皇が企てた「新たなる勅裁」(『梅松論』)の政治は、家格や官位相当規定を無視した人事によって実現する。そのかぎりで、『神皇正統記』や『職原鈔』(いずれも後醍醐の没後に執筆された)などの著作で北畠親房が説いた官職論は、当時の公家一般が共有した政治意識を代弁したものであり、それは後醍醐天皇の「新政」の思想とあきらかに対立する公家故実の思想だった。

後醍醐天皇が企図した「新政」のモデルは、宋学の受容とともにもたらされた中国宋代の中央集権(=皇帝専制)的な官僚国家である。その「新政」の施策は、当時の公家社会に浸透していた官職の私物化を根本から否定するかたちであらわれた。

平安後期以降、官職は特定の家の専有物となり、地方の行政権や中央の官職は、鎌倉時代には累代相伝の私領と化していた。そうした慣行を否定する施策を、後醍醐天皇はやつぎばやに打ち出した。以下、佐藤進一氏（とその後）の研究を参照しながら、後醍醐天皇の慣行打破の施策を概観しておく。

たとえば、地方行政をつかさどる国司は、もともと従五位上から従六位下に相当する官職であり、三位以上の公卿にとっては「卑官」だった。平安後期から鎌倉期にかけては、権門の上級貴族（公卿）がみずからの家人《けにん》を名義上の国司に立て、その収益を取得するという知行国《ちぎょうこく》の制度が一般化していた。知行国は、代々相伝されて家領・私領と化していたが、後醍醐天皇はその慣行にメスを入れたのだ。

知行国の慣行にたいして、後醍醐天皇は、三位以上の公卿を国司に任命した。名義上の国司の補任が知行国制度の前提だったからだ。また、国司の任期は、律令制が保証する任期すら顧慮せずに随時任免した。国司の短期間での交替は、国務の私領化を一掃する目的で行われたが、それは要するに、諸国の国衙《こくが》領を中央の直轄下に置く企てだった。

名目上の国司を廃して、高位の貴族を国司に任命する制度は、平安時代以来の官位相当規定を破壊する企てでもあった。その改革のほこ先は、中央の官職にも及んだ。

鎌倉期には、中央の官職は、特定の氏族が請け負う累代の私領的な性格を帯びていた。後醍醐天皇は、そうした官職の世襲化にたいして改革の大なたを振るったのだ。

はやく元弘元年(一三三一)一〇月、天皇は、大外記《だいげき》中原氏の家職となっていた造酒正《みきのかみ》に、清原頼元《よりもと》を任命した。造酒正は、造酒司《みきのつかさ》に付随した領地のほかに、洛中酒屋《さかや》役《やく》が徴収する役銭を取得していた。そのような官職に付随する領地と役銭からなる収益の家産化・私物化を廃したのだ。

官職の任命を流動的なものとし、その私物化を抑止する姿勢は、鎌倉幕府滅亡後の建武政権下で、さらに徹底して行われた。そのなかで従来注目されているのは、前代まで中原氏の家職となっていた東市正《ひがしのいちのかみ》の任免である。

東市正は、平安京に設置された東西の両市《いち》のうち、東市を管轄する東市司《ひがしのいちのつかさ》の長官である。平安京の西京の荒廃とともに西市ははやくに廃れ、東市は鎌倉期以後も存続したが、一三世紀における流通経済の飛躍的な発展のなかで、東市正は、京の商業・流通経済を管轄する役職となっていた。そんな東市正を家職として世襲していた中原章香《あきか》が、建武元年(一三三四)に罷免され、あらたに名和長年が任命されたのだ。

さきに述べたように、隠岐を脱出した後醍醐天皇を迎えて挙兵した名和長年は、楠正成とならぶ建武の功臣である。その出自は、漁業や海上交易によって巨富をきずいた職人的武士だったとみられるが、かれの東市正就任は、そうした商業や流通経済の実際につうじた手腕が買われての人事だったろう。

京都の商業と流通経済を管轄した東市正名和長年は、検非違使尉を兼ね、京都の市政権をも握ることになる。それは京都の商業・経済と都市行政にたいする天皇の直轄支配を強化する人事でもあった。

## 家柄と門閥の否定

建武二年（一三三五）二月、太政官八省の卿（長官）が全員更迭され、あらたに公卿大臣クラスの者が任命された。天皇親政を企図する後醍醐天皇にとって、まさに目玉ともいえる人事だった。

太政官八省の卿は、位階でいえば四位に相当する。正三位ないしは従三位の大・中納言クラスからすれば「卑官」であり、ましてや大臣クラスの公卿にとっては論外の官職である。

だが、後醍醐天皇は、式部卿《しきぶ》に正二位内大臣の洞院公賢、治部卿《じぶ》に従一位右大臣の鷹司冬教《たかつかさふゆのり》、民部《みんぶ》卿に従一位内大臣の吉田定房、兵部《ひょうぶ》卿に従一位左大臣の二条道平《みちひら》、刑部《ぎょうぶ》卿に従一位前右大臣の久我《こが》長通《ながみち》、大蔵《おおくら》卿に正二位中納言の九条公明《きんあきら》、宮内《くない》卿に正二位権大納言の三条実忠《さねただ》をそれぞれ任命した。

八省の卿という実務官僚の長に任じられたこれらの上級貴族は、従来の慣例では、八省の卿の上にあって、まつりごとを議し定める議政局(いわゆる公卿僉議《せんぎ》)の構成メンバーである。

前代以来の家格の序列からすれば、ありえない人事が行われたわけだが、かれら上級の公卿を八省の卿に貼りつけることは、官位相当規定の破壊であると同時に、公卿の合議制である議政局の解体を意味していた。すなわち、天皇の勅裁政治を掣肘《せいちゅう》する最高官衙の解体であり、それは後醍醐天皇がイメージした「新政」を実現するための不可欠の階梯だった。

執政《しっせい》の臣(摂政・関白)を置かない後醍醐天皇は、三公《さんこう》(太政大臣と左右大臣)以下の公卿を太政官八省の各長官に貼りつけ、上級貴族(公卿)による合議制の伝統を解体することで、天皇がみずから行政機構を統括する体制をつくりだした。こうして天皇が(臣下を介さずに)人民に君臨する、文字どおりの天皇親政(王政)の体制がつくられてゆく。

後醍醐天皇がめざした「新たなる勅裁」の政治は、君と民のあいだに介在する臣下のヒエラルキー(門閥、家格)を解体すること、その一点に向けられていたといっても過言ではない。そのような後醍醐天皇の打ち出した「新儀」(『梅松論』)は、同じく「公家一統」の政治とはいっても、南朝の重臣北畠親房がイメージした公家一統政治とはおよそ異なっていた。

## 「物狂の沙汰」の政《まつりごと》

たとえば、北畠親房の『神皇正統記』は、後醍醐天皇の没後(建武政権の崩壊後)に執筆された。本書のなかで、親房は、建武政権下で土地所有(家産化された公領や荘園の私有権)が流動化したことを批判し、「本所《ほんじょ》(注、領主)の領と云ひし所さへ、みな勲功に混ぜられて、累家《るいけ》(代々の家)もほとほとその名ばかりになりぬるもあり」としている。後醍醐天皇の「新たなる勅裁」(『梅松論』)の政治は、たしかに「累家」や「譜第」の世襲化された既得権益を否定することで実現したのだ。

親房のイメージした「公家一統」の世は、『神皇正統記』にいう「公家の古き御政《おんまつりごと》にかへるべき世」であり、それは当然のことながら、後醍醐天皇の行う「新政」の施策とは対立する。親房が必ずしも後醍醐の「新政」を支持する立場にはなかったこと、すなわち日野資朝や日野俊基らの側近の中下級貴族とは異なり、かれが貴顕の清華家の出自だったことは注意しておく必要がある(なお、北畠親房は、建武政権下ではむしろ冷遇されており、かれが「万機《ばんき》悉く北畠入道源《げん》大納言の計らひとして」〈『太平記』第二一巻〉といわれるような政治力を発揮したのは、後醍醐天皇の没後、南朝二代の後村上天皇の時代である)。

後醍醐天皇の恣意的ともみえる専制的な人事は、「種姓《しゅしょう》」や「譜第」(『神皇正統記』)のヒエラルキーを解体するかたちで行われた。そのような後醍醐天皇の治世は、南朝の衰退がもはや決定的となり、足利政権の支配下でひたすら先例・故実を墨守するしかなくなった公家社会においては、ひたすらネガティブな過去の遺産として記憶されてゆくことになる。

たとえば、建武政権の崩壊から三十余年後の応安三年(一三七〇)三月、北朝では、後光厳天皇の乳父《めのと》にあたる勧修寺《かじゅうじ》経顕《つねあき》が内大臣に任じられた。勧修寺家は、大納言を極官とする名家である。名家にもかかわらず、経顕が大臣に任じられた人事に反発した三条公忠(清華家である)は、その日記に「名家の輩、丞相《じょうしょう》(注、大臣)過分の至りなり」と記し、かつて建武政権下で吉田定房が名家にもかかわらず大臣に任じられた前例をあげて、つぎのように述べている(『後愚昧記』応安三年三月一六日条)。

後醍醐院の御行事、この一事に限らず、毎事、物狂《ぶっきょう》の沙汰等なり。後代豈《あ》に因准《いんじゅん》すべけんや。

三条公忠からすれば、後醍醐天皇がかつて行った専制的な人事は、およそ「物狂」(常軌を逸して正気でない)以外のなにものでもない。それはけっして前例として「因准」してはならないものだった。

なお、三条公忠が『後愚昧記』に書きつけた「物狂の沙汰」は、この語だけが一人歩きをして、しばしば後醍醐の治世がいかに異常であったかを強調する文脈で引用されたりする。だが、『後愚昧記』にかんするかぎり、この「物狂の沙汰」という評語は、ひたすら任官叙位の前例を墨守し、権門(門閥貴族)としてのみずからの既得権益を守ろうとした者の発言だったことは注意しておく必要がある。

## 新政の難題《アポリア》

くり返しいえば、後醍醐天皇の「新政」のモデルは、中国宋代の中央集権的な国家イメージである。後醍醐の政治的な企てを「正理に叶ふ」(『花園院宸記』元亨二年二月一八日条)とした日野資朝らの天皇親政の理想は、しかし一四世紀日本の政治的現実をまえに挫折せざるをえなかった。

「新たなる勅裁」の政治を実現するための諸条件が、一四世紀の日本には存在しなかったのであり、そのことは、建武政権がわずか二年余りで瓦解した理由である。

「新政」のモデルとなった中国の宋代には、唐代の門閥貴族層は一〇世紀の五代十国の乱によって没落し、士大夫(儒教知識人)層が新たな政治主体として台頭していた。また、かれら士大夫層を官僚として登用する科挙の制度も伝統として根付いていた。

だが、日本のばあい、中国の律令制は模倣しても、科挙による人材登用は制度としてかつて根付かず、人材の供給源となるべき官僚予備軍の知識層も、ひとにぎりの中下級貴族をのぞけば、ほぼ皆無といえる状態だった。

しかも、百数十年の武家政権を経たあとも、摂家・清華家などの門閥貴族層は温存され、公家社会の家格・門閥を固定化する礼式は、むしろ鎌倉後期の弘安年間に制度化された(『弘安礼節』)。そしてかれら権門の上級貴族層は、建武政権下における根強い抵抗勢力となってゆく。

日野資朝が「正理に叶ふ」と自負した天皇親政(王政)の理想は、一四世紀の日本の政治的現実をまえに、けっきょく「二条河原落書」が揶揄するような混乱をもたらすものでしかなかった。後醍醐天皇の「新政」にたいする不満は、既得権益を奪われた権門層のみならず、建武政権の恩恵を受けなかった広汎な武士層にも及んだのだ。

『太平記』第一二巻「公家一統政道の事」は、一部の寵臣や寵姫に、朝敵北条氏の旧領が分けあたえられ、討幕戦に尽力した武士たちには公平な所領分配が行われなかったことを批判している。『太平記』第一二巻は、前述のように足利政権の周辺での加筆・改訂が想定される巻だが、恩賞の不平等にかんしては、一定の事実を伝えているとみてよい。

たとえば、六波羅探題攻めの功労者の一人である播磨の赤松円心は、いったん恩賞としてあたえられた播磨守護職を召し返され、わずかに本領の佐用荘《さよのしょう》のみを安堵された。それに引きかえ、「さしたる事もなき郢曲《えいきょく》・歌道《かどう》の家、蹴鞠《しゅうきく》・能書《のうしょ》の輩《ともがら》」には、多くの所領が分けあたえられ、討幕戦に尽力した軍勢にあたえる土地は「立錐《りっすい》の地」もないありさまであり、そのため、多くの武士は、また武家の世にもどることを望んだという。

今の如くにて公家一統《くげいっとう》の天下ならば、諸国の地頭《じとう》、御家人《ごけにん》は、皆奴婢雑人《ぬひぞうにん》の如くなるべし。あはれ、いかなる不思議《ふしぎ》も出で来て、武家四海《しかい》の権を執《と》る世の中にまたなれかしと、思はぬ人はなかりけり。

（第一二巻「公家一統政道の事」）

こうした武士たちの思いが、やがて「源家累葉《げんけるいよう》の貴族」（『太平記』第九巻）である足利尊氏にたいする待望論となってゆく。

足利高氏は、後醍醐天皇が京に帰還した元弘三年(一三三三)六月に、左兵衛督兼鎮守府将軍に任じられ、同年八月に、武蔵守を兼ねて従三位(公卿)となり、天皇の偏諱《へんき》を受けて尊氏と改名した。

### 「足利征夷将軍」

源氏嫡流の武家の名門であり、鎌倉幕府討伐の第一の殊勲者として厚遇されたのだが、しかし尊氏は、執事(家老)の高師直《こうのもろなお》やその弟師泰《もろやす》らを、雑訴決断所の奉行として政権内部へ送り込んだが、みずからは政権の中枢にかかわることはなかった。政権から距離を置いた尊氏にかんして、それを不安視する公家たちは、「尊氏なし」とささやき合ったという(『梅松論』)。

建武二年(一三三五)七月、北条高時の遺児時行《ときゆき》が信濃で挙兵し、鎌倉府の執事足利直義の軍を破って、武蔵・相模一帯を制圧した(中先代《なかせんだい》の乱)。

後醍醐天皇はただちに足利尊氏に北条時行の追討を命じたが、時行追討に向かう尊氏は、征夷将軍職への任官を望んだ(『神皇正統記』『太平記』)。もちろん天皇は、幕府の再興につながるような武家の征夷将軍職は許さず、それに代えて征東将軍の称号を授けた。

京を発った尊氏は、鎌倉から退却した弟直義と三河国矢作《やはぎ》(愛知県岡崎市・安城市の一部)で合流すると、遠江《とおとうみ》、駿河、相模で北条時行軍に連勝し、またたくまに反乱軍を鎮圧した。そして鎌倉に入った尊氏は、戦功のあった配下の武将に恩賞をあたえ、東国経営に乗り出すことになる。

諸国の武士に所領安堵の御教書《みぎょうしょ》を発給し、また関東の新田一族の所領をも配下の武将に分けあたえた。そんな尊氏は、武士たちから「足利征夷将軍」と呼ばれたという(『太平記』第一四巻)。源氏嫡流の名門足利尊氏によって、関東に事実上の武家政権が再興されてゆくのである。

## 足利尊氏の離反

『神皇正統記』によれば、その年の一一月、鎌倉の尊氏から、京の後醍醐天皇のもとへ「義貞を追討すべき由」の奏状が届けられた。『太平記』にも、その頃、尊氏から「世の残賊《ざんぞく》」新田義貞を討伐すべき旨の奏状が朝廷に届けられたとある。それを知った義貞は、八項目に及ぶ尊氏・直義兄弟の逆罪を列挙し、「大逆無道《たいぎゃくぶとう》」の足利兄弟を誅罰すべき旨を上奏した(『太平記』第一四巻「両家奏状の事」)。

足利・新田両家の奏状をうけて、朝廷では、両者の言い分が僉議された。おりしも、鎌倉に禁獄中の護良親王の世話係の女房が上京し、護良親王が足利直義によって(天皇には無断で)殺害されたという知らせがもたらされた。同時に、尊氏が西国の武士に発給した軍勢催促の御教書数十通が進覧され、ここに後醍醐天皇は、足利尊氏の征討を決断することになる。

征討の上将軍には一宮尊良親王が任じられて錦旗《きんき》をたまわり、武家を指揮する実質的な総大将には、新田義貞が選ばれ、軍事指揮権の象徴である節刀《せっとう》をたまわった。建武の乱の新田対足利という抗争の図式が成立するのだ。

建武二年(一三三五)一一月、新田義貞は、官軍の総大将として東海道を下り、三河・遠江・駿河の各地で足利軍を撃破した。しかし一二月の箱根・竹の下の合戦で大敗を喫し、京へ撤退した。それを追って上洛した足利軍は、翌建武三年(一三三六)一月の京合戦に敗れ、いったんは九州へ退去したが、まもなく九州全土を制圧して東上した。

同年五月、兵庫湊川の合戦で楠正成を戦死させた尊氏は、京を制圧し、八月には、持明院統の光明《こうみょう》天皇を擁立した。比叡山に立てこもった後醍醐方は、やがて兵糧が枯渇し、一〇月に、天皇は尊氏の軍門に降り、新田義貞は一族とともに越前へ逃れた。

京の花山院に幽閉された後醍醐天皇は、しかし一二月に京を脱出し、吉野に朝廷を開いた。吉野と京都に二つの朝廷がならび立つ南北朝時代の始まりだが、こうした一連の事態の発端になったのは、建武二年一一月、足利尊氏が朝廷に送った新田義貞討伐の上奏文だった。

## 足利対新田という構図

足利尊氏があえて新田義貞を名指しし、その討伐を願い出たのは、後醍醐天皇に公然と反旗を翻す（つまり朝敵になる）のを避けたからである。おそらく弟の直義あたりが考えた策だったろう。また、いっぽうの後醍醐天皇としても、鎌倉攻略で一躍武名を挙げ、しかも足利氏の同族（清和源氏義国流）である新田義貞を、尊氏に対立・拮抗しうるライバルとして取り立てたのだ。

『太平記』の第二部（第一三―二一巻）は、建武の乱の経緯を、北条氏（＝平家）滅亡後の「源氏一流（清和源氏の同じ流れ）の棟梁」の足利・新田「両家の国の争ひ」として図式化して語っている。それは史実においても、足利方と後醍醐方、双方のおもわくによってつくられた建武の乱の構図だった。

しかし足利尊氏が抗争の主役であるのはよいとして、新田義貞は、先代（北条氏の時代）での家格や官職の違いからして、およそ尊氏に拮抗する「源氏一流の棟梁」ではありえない。義貞はいわば天皇の爪牙《そうが》（手足のごとく軍事に従う部下）であり、足利尊氏に対立するいっぽうの主役は、あくまで後醍醐天皇である。

たとえば、『増鏡』は、元弘三年(一三三三)の新田義貞による鎌倉攻略を語って、「尊氏の末の一族、新田小四郎義貞といふ物、今の尊氏の子(注、義詮《よしあきら》)四《よつ》になりけるを大将軍になして、武蔵国より軍《いくさ》を起こし」たとする。義貞を「尊氏の末の一族」とし、鎌倉攻略の大将軍は、じつは尊氏の四歳の子だったとしているのだ。

北畠親房の『神皇正統記』も、元弘三年の新田義貞の挙兵を紹介して、「上野国に源義貞と云ふ者あり。高氏が一族なり」とそっけない。

足利尊氏が建武政権から離反したあとの建武の乱を、「源氏一流の棟梁」の新田・足利「両家の国の争ひ」として語るのは、この時代の内乱の当事者たちによってつくられ、さらに『太平記』によって図式化されて流布した物語である。

そして『太平記』の広汎な受容とともに流布したこの物語が、以後の武家政権の歴史に影響を及ぼすことになる。後述するように、慶長《けいちょう》八年(一六〇三)に征夷大将軍に任じられた徳川家康は、清和源氏新田流の由緒を称することで、足利氏に代わって将軍職を継承する正当性を主張したのだ。

## 南朝対北朝という構図

「源氏一流の棟梁」の新田・足利両家の抗争という図式が、内乱の当事者たちの政治的なおもわくでつくられたように、南北朝すなわち南朝対北朝というこの時代の歴史認識も、内乱の当事者たちによってつくられた大義名分の図式だった。

たとえば、建武政権から離反した足利尊氏は、建武三年(一三三六)一月、京都の合戦でやぶれて九州へ敗走した。『太平記』は、尊氏がみずからの敗因を分析したことばとして、つぎのように述べている(第一五巻「薬師丸の事」)。

今度の京都の合戦に、御方《みかた》毎度打ち負けぬる事、全く戦ひの咎《とが》にあらず。つらつら事の心を案ずるに、ただ尊氏徒《いたず》らに朝敵たるゆゑなり。されば、いかにもして持明院殿《じみょういんどの》の院宣《いんぜん》を申し賜《たまわ》つて、天下を君と君との御争ひになして、合戦を致さばやと思ふなり。

負けいくさの原因が、「武臣」としての名分が立たない点に求められている。「尊氏徒《いたず》らに朝敵たるゆゑなり」であるが、そこで尊氏は、天下を「君と君との御争ひ」にすることで、「武臣」としてのみずからの名分の回復を企てる。

また、『梅松論』は、やはり建武三年一月に尊氏が西国に退去する途中のできごととして、赤松円心がつぎのように尊氏に進言したとする。

およそ合戦には旗をもて本とす。官軍は錦の御旗《みはた》を先立つ。御方はこれに対向の旗なきゆゑに朝敵に相似たり。所詮持明院殿は天子の正統にて御座あれば、(中略)急ぎて院宣を申し下されて、錦の御旗を先立てらるべきなり。

後醍醐天皇に敵対して戦うための大義名分として、「持明院殿」(光厳上皇)から院宣を申し受け、「錦の御旗を先立て」て戦うように、赤松円心が尊氏に進言したというのである。

こうして南朝対北朝という内乱の図式が成立するのだが、しかしくり返し述べるように、後醍醐天皇の戦う相手は、北朝というより、あくまで足利の武家政権である。北朝すなわち持明院統の帝は、『梅松論』や『太平記』が伝えるように、足利尊氏が天皇と戦うための大義名分でしかない。

## 「王政」への幻想

足利尊氏によって擁立された北朝の帝は、軍事・行政のすべてを足利将軍に委任している。『太平記』の言によれば、持明院殿は「理《ことわ》りをも欲心をも打ち捨て」「武家に順《したが》はせ給ひて、ひとへに幼児の乳母《めのと》を憑《たの》むが如く、奴《やっこ》と等しくなりおはします」ゆえに、かえって運を開いて皇位につくことができた(第二七巻「雲景未来記の事」)。

そのような北朝の天皇は、同時代の南朝方からは「偽主《ぎしゅ》」といわれ(『神皇正統記』)、後世の歴史家からは、統治者たる将軍の威光を補完するにすぎない「共主《きょうしゅ》」とさえいわれている(新井白石『読史余論《とくしよろん》』)。

だが、そうした「共主」としてのあり方こそが、摂関政治の時代から院政時代、さらに鎌倉の武家政権の時代へと引き継がれた天皇の伝統的なあり方だったのではないか。後醍醐天皇の「新たなる勅裁」の政治は、かれ本人が「朕が新儀は未来の先例たるべし」と述べたとされるように(『梅松論』)、たしかに前例のない「新儀」だった。

家格の序列や官位の相当規定を否定する後醍醐天皇の政治手法は、中国ふうの士大夫を自任する一部の中下級貴族には、「正理に叶ふ」として支持されたろう。だが、大方の公家からすれば、およそ「物狂の沙汰」としかいいようのない治世である。それは建武政権がわずか二年余りで潰《つい》えた原因でもあるが、しかし政治思想史のうえでは、後醍醐天皇の「新政」の企ては、出自や家柄、門閥に根ざした身分制社会にたいするアンチテーゼとして、この列島の社会における「王政」への幻想を醸成することになる。

既存の身分制社会や、世俗的な序列《ヒエラルキー》を解体して、天皇がすべての民にひとしく君臨する一君万民の統治形態は、ある種の解放・革命のメタファーとして、やがて幕末から近代のいわば「王道楽土」のファンタズムを生みだすだろう。それは後述するように、後醍醐天皇が生きた時代よりも、むしろこの国の近世・近代の歴史に甚大な影響を及ぼすことになるのである。

# 第七章　バサラと無礼講の時代

## 「自由狼藉」の世界

前章のはじめにあげた「二条河原落書」は、建武政権下の世相として、「エセ連歌」「田楽」「茶香十炷《じっしゅ》ノ寄合」の流行を批判のやり玉にあげていた。

「京鎌倉ヲコキマゼテ　一座ソロハヌエセ連歌」とあるのは、当時最盛期をむかえていた花の下《もと》の連歌である。地下《じげ》の連歌師たちが主宰したその公開の連歌会《れんがえ》では、和歌・連歌を家職とする者(譜第)も、そうでない者(非成)も付け句のよしあしを品評しあう。

まさに「点者ニナラヌ人ゾナキ」という「自由狼藉」の世界が出現したのだが、そのような無秩序な連歌会の寄合は、古典的教養をもつ落書の作者にとっては、およそ「エセ連歌」でしかなかった。

「京鎌倉ヲコキマゼ」た乱脈な連歌会の盛行を批判した落書は、つづけて、当代における田楽の流行を批判する。この時代の田楽の実態については、『太平記』第二七巻「田楽の事」にその一端が語られる。

田楽童や田楽法師たちの猥雑ともいえる華美な出で立ちと、そのアクロバティックな演技が語られるのだが、「二条河原落書」に、「犬田楽ハ関東ノ　ホロブル物ト云ナガラ」とあるのは、鎌倉幕府が滅亡した要因として、『太平記』が北条高時の田楽狂いと闘犬狂いをあげていることを想起させる(第五巻「相模入道田楽を好む事」「犬の事」)。

すでに建武年間の知識人のあいだに、『太平記』と共通する歴史認識が存在したことに注意したい。

田楽童たちの「紅粉《こうふん》を尽《つ》くせる容儀《ようぎ》」や、田楽法師たちの「金黒《かねぐろ》(注、お歯黒)にて、白金《しろかね》の乱紋《らんもん》打つたる下濃《すそご》の袴《はかま》」といった出で立ちもさることながら、それを見物する桟敷《さじき》も、まさに「自由狼藉」の「雑居《ざつきょ》」空間である。

『太平記』第二七巻は、貞和《じょうわ》五年(一三四九)六月、四条河原の田楽興行における桟敷の倒壊事件を語り、桟敷が倒壊したのは、身分の高下を無視した見物衆の「雑居」に神々が驚き怒ったためとしている(「雲景《うんけい》未来記の事」)。そこではまた、当今の「臣君《きみ》を殺し、子父《ちち》を殺し、力を以て争ふべき時至る」といった時勢が「下剋上」と評される。それは「二条河原落書」が、「下克上スル成出者」を批判しているのと共通する時勢批判だった。

「二条河原落書」は、連歌会と田楽の盛行を批判したのにつづけて、「茶香十炷《じっしゅ》ノ寄合」の流行を批判している。

茶寄合は、いわゆる闘茶《とうちゃ》であり、茶を飲んでその産地・種別をいいあてる賭けをともなう競技である。香十炷の寄合も、香を十番炷《た》いて、その種類をいいあてる賭け事である。とくに後醍醐天皇とその側近たちが催した「無礼講」が、茶寄合であったことは、「無礼講」の風聞を記した『花園院宸記』に「飲茶の会」とあることから知られる。

## 茶寄合の空間と「新政」

中国宋代の新しい抹茶法は、栄西《えいさい》らの禅僧によって鎌倉期の禅宗寺院に伝えられ、南北朝期には流行の一つのピークを迎えていた。玄恵法印の作と伝える『喫茶往来』(群書類従所収)は、この時代の茶寄合の実態をうかがわせる貴重な資料である。そこには、茶事と酒宴とが一体となった茶寄合の次第が記される。

まず、会所《かいしょ》に会衆があつまると、水繊《すいせん》(くずきり)、酒三献《さんこん》、索麺《さくめん》(そうめん)、茶が出され、つぎに「山海の珍物」を並べた飯となる。

食事のあとの菓子を食べ終わると、一時休止となって庭を散策する。今日の茶事でいう懐石《かいせき》のあとの中立《なかだち》と同じである。そしてしばしの休息のあと、席を喫茶の亭に移しての茶会となる。

茶会の会所には、本尊として仏画が掛けられている。会所の本尊に仏画を掛けるのは、南北朝期の茶寄合が、禅宗寺院の作法を引き継いでいたからである。仏画のまわりには、唐絵《からえ》が掛けられ、障子のふすま絵もすべて唐風である。唐物の花瓶には花が活けられ、香炉(もちろん唐物)からは芬郁《ふんいく》たる香の煙がただよっている。そして豹皮を敷いた胡床《こしょう》(いす)に着座した会衆に茶が出され、「四種十服《しししゅじっぷく》の勝負」となる。

四種の茶を十度飲んで、その種別をいいあてる闘茶だが、茶会が終わって日が西に傾いた時分から、酒宴となる。南北朝期の茶寄合では、茶事につづいて、「式《もっ》て歌ひ式《もっ》て舞ひ、一座の興《きょう》を増す。又絃《げん》し又管《かん》し、四方の聴《きき》を驚かす」といった酒宴が、夜遅くまで行われたのだ。

『喫茶往来』が伝える茶寄合は、茶会が闘茶であること、また茶会のあとに歌舞管絃の宴がつづくことをのぞけば、今日の茶事の基本とされる正午の茶会と、ほぼ同様である。懐石―中立《なかだち》―後入り―濃茶《こいちゃ》とつづく茶会の原型は、南北朝期に成立したのだが、しかし南北朝期の茶寄合を今日の茶会から区別する最大の相違点は、唐物趣味の横溢《おういつ》した茶寄合の空間をおおう非日常的な気分であり、それが引きおこす無秩序な逸脱行為である。

たとえば、現在知られる最古の闘茶の採点表として、康永《こうえい》二年(一三四三)一二月に行われた「本非十服茶勝負《ほんぴじっぷくちゃ》」の記録がある(京都八坂神社蔵『祇園社家記録』紙背文書)。それによれば、茶会に参加した九名の会衆は、実名で呼ばれずに、「唐、大、目、三、信、豊……」などの略号またはあだ名で呼ばれている。

茶寄合の会衆は、身元を一時的に不明化することで、世俗的なしがらみ(地位や身分)から解放されたのだ。そのような非日常の遊びの空間は、同じく南北朝期に流行した花の下の連歌にも共通するものだった。

そして注意したいのは、南北朝期に盛行したそれら芸能的寄合の空間は、たんなる文化現象というにとどまらず、後醍醐天皇の「新政」の企てと不可分に浮上・顕在化した文化的事態であるということだ。

世俗的な地位や身分が無化される「無礼講」の寄合の場を設定して、天皇とその側近たちは討幕の謀議を進めてゆく(前述、第三章)。もちろんそれは、たんなる人材を求める手段というにとどまらない。

世俗的な序列《ヒエラルキー》が無化される芸能的寄合の場の論理が、政治的(世俗的)世界の序列の論理に対置される。君臣の上下、天皇と臣下という枠組みを超えて、天皇が直接「民」と結びつく政治原理が、無礼講的な芸能空間の原理に(象徴的に)もとめられたのだ。

## 無礼講からバサラへ

「二条河原落書」で「自由狼藉」と批判された連歌会や茶寄合の盛行は、後醍醐天皇の「新政」の企てとともに浮上・顕在化した文化的な事態だった。たとえば、『太平記』第一二巻では、後醍醐天皇の側近たちの奢ったふるまいが批判される。とくに千種忠顕が連日のように遊興にふけるさまは、つぎのように批判される。

　その比《ころ》、重恩《じゅうおん》を与へたる家人《けにん》どもに、毎日に巡酒《じゅんしゅ》を振る舞はせけるに、堂上《とうしょう》に袖を連《つら》ぬる諸大夫《しょたいふ》、侍《さぶらい》三百人に余れり。その酒肉珍膳《しゅにくちんぜん》の費《つい》え、一度に万銭《ばんせん》もなほ不足なるべし。（中略）宴《さかもり》罷《や》んで興《きょう》に和《か》するときは、数百騎を相随へて、内野《うちの》、北山辺《きたやまへん》に打ち出でて、犬を追ひ出だし、小《こ》鷹狩《たかが》りに日を暮らし給ふ。その衣裳、豹《ひょう》、虎《とら》の皮を行縢《むかばき》に切り、金襴纐纈《きんらんこうけつ》を直垂《ひたたれ》に縫へり。「賤しきが貴服《きふく》を服《き》る、これを僭上《せんじょう》と謂ふ。僭上無礼《せんじょうぶれい》は国の凶賊なり」と、孔安国《こうあんこく》が誡《いまし》めを恥ぢざりけるこそ、うたてけれ。（第一二巻「千種頭中将の事」）

　末尾に「僭上無礼は国の凶賊なり」とある「孔安国が誡め」とは、『古文孝経』卿大夫《けいたいふ》章に付された孔安国（前漢の儒者で孔子の子孫という）の注の一節である。儒教の教えに照らして、「僭上無礼」「国の凶賊」としかいいようのない千種忠顕の放蕩ぶりが批判されるのだが、建武政権下で雑訴決断所の寄人などの要職についた千種忠顕は、三カ国の国司に任じられ、多くの所領をあたえられた。

天皇の近臣として栄達をきわめた人物であり、そんな千種忠顕への批判は、同じく『太平記』第一二巻に語られる文観への批判と対をなしている。

すでに述べたように、『太平記』第一二巻は、建武政権の批判をテーマとしている。『太平記』の段階的な成立過程において、あきらかに足利政権周辺での加筆・改訂が想定される巻である。とくに「邪魔外道《じゃまげどう》のその心に依託《えたく》して振る舞はせけるか」(第一二巻「文観僧正の事」)といわれる文観のネガティブ・イメージが、碩学の真言僧としての実像とは大きな隔たりがあり、『太平記』がつくりだした「怪僧」イメージであることは前述した。

千種忠顕を「僭上無礼」「国の凶賊」とするみぎの一節も、『太平記』の成立過程を考慮に入れて読まれるべき箇所だが、ここで注目したいのは、みぎの引用箇所に、「豹、虎の皮を行縢に切り、金襴纐纈を直垂に縫へり」とあるバサラの装いである。

「二条河原落書」にも「バサラ扇ノ五骨《いつつぼね》」とあるバサラは、梵語 **vajra** の音訳であり、金剛《こんごう》(ダイヤモンドのこと)と漢訳される。そしてあらゆるものを砕く金剛の意から転じて、南北朝期には、硬直した規範や制度を逸脱する行為や、華美でほしいままのふるまいをさすようになる。

舶来の絹織物や豹・虎の皮を惜しげもなく使った千種忠顕の装いは、まさにバサラの装いである。既存の秩序や服制の規範を無化してしまうバサラは、この時代の「自由狼藉」の芸能的寄合の盛行とともに出現した文化的事態だった。

## バサラと過差の時代

千種忠顕が催したという「僭上無礼」の遊宴は、元弘の変(一三三一)以前の後醍醐天皇の宮廷周辺で催された「無礼講」の延長上に位置している。それは建武政権が崩壊したあとの足利政権下にあって、佐々木道誉らのバサラ大名によって、より大規模に受け継がれてゆくことになる。

『太平記』の後半部(第二三―四〇巻)では、北朝方の大名が、茶寄合(闘茶)にふけり、莫大な賭け物を蕩尽《とうじん》する「乱遊」のさまがくり返し批判される。

その茶寄合の遊興は、「異国本朝の重宝《ちょうほう》を集め、百座《ひゃくざ》の粧《かざ》りをして、皆曲録《きょくろく》の上に豹虎《ひょうとら》の皮を敷いて並《な》み居たれば、ただ百福荘厳《ひゃくふくしょうごん》の床《ゆか》に、千仏《せんぶつ》の光を並べて座し給へるに異ならず」というもの(第三三巻「武家の人富貴の事」)。

バサラ大名たちの「長時《ちょうじ》に遊び狂」う「乱遊」ぶりが、「前代未聞の曲事《くせごと》なり」と批判されるのだが、それはしかし、建武政権下でかつて千種忠顕らが催した「僭上無礼」の遊宴を、より大規模に展開させたものだった。
建武三年(一三三六)一一月、発足したばかりの足利政権が公布した幕府法『建武式目』は、第一条の「倹約を行はるべき事」で、つぎのように規定している。

近日婆娑羅《ばさら》と号して、専ら過差《かさ》を好み、綾羅錦繍《りょうらきんしゅう》、精好《せいごう》銀剣、風流《ふりゅう》服飾、目を驚かさざるはなし。頗《すごぶ》る物狂《ぶっきょう》と謂ふべきか。(中略)俗の凋弊《ちょうへい》これより甚だしきはなし。尤《もっと》も厳制あるべきか。

近日の「婆娑羅」「過差」の風潮を、すこぶる「物狂《ぶっきょう》」(常軌を逸して正気でない)とし、「尤も厳制あるべきか」とするのだが、つづく第二条の「群飲佚遊《ぐんいんいつゆう》を制せらるべき事」では、「好女《こうじょ》の色に耽《ふけ》り、博奕《ばくえき》の業」に及ぶ「茶寄合」「連歌会」等の「群飲佚遊」を、やはり「厳制ことに重し」としている。
「過差」は、度を超えた華美なふるまいや贅沢をさす。バサラ(婆娑羅)と過差は、まさにこの時代の気分を象徴する流行語だが、非日常の芸能空間があたかも世俗の秩序を侵犯したかのようなバサラと過差の時代風潮は、政治世界のヒエラルキーをも転倒させかねない不穏な風潮である。また「群飲佚遊」の無礼講は、世俗的な地位や身分の序列(礼)を無化して、人々をあらたな横の関係に組織しなおす原理ともなるだろう。

## 『建武式目』の「礼節」

足利政権はまず、バサラと無礼講の寄合を「厳制」することからその政権基盤を固めなければならず、そこに持ち出されたのが、既存の秩序を倫理的に正当化する儒教的な「礼節」の主張だった。『建武式目』の第一三条「礼節を専らにすべき事」には、つぎのようにある。

国を理《おさ》むるの要、礼を好むに過ぐるなし。君に君礼あるべし。臣に臣礼あるべし。およそ上下おのおの分際《ぶんざい》を守り、言行必ず礼儀を専らにすべきか。

君と臣が「礼節を専らに」し、それぞれの「分際を守」ることが治国のかなめであるという。政道の一般論を述べたに過ぎないような条文だが、しかしこの条文が、初期足利政権にとってきわめて現時点的《アクチュアル》な問題意識を反映していたことは、『建武式目』でくり返し言及される「先

代」北条氏の先例をみてもよい。すなわち、『建武式目』の跋文に、

義時・泰時の行状をもつて、近代の師となす。

とあり、総論の「政道の事」には、

まづ武家全盛の跡を逐《お》ひ、もつとも善政を施さるべきか。

とある。北条義時・泰時の「善政」を「武家全盛の跡」とし、武家政治の手本とするのだが、いうまでもなく義時・泰時父子は、承久の乱(一二二一年)で後鳥羽上皇を隠岐に流し、武家政権(鎌倉幕府体制)を確立した人物である。

不徳の帝王を廃して「武家全盛」の基盤を築いたのだが、そのような「義時・泰時の行状」を手本とする初期足利政権は、『建武式目』を制定する三カ月まえの建武三年(一三三六)八月、後醍醐天皇に対抗して、持明院統の光明天皇を擁立した。

足利尊氏・直義兄弟の念頭に、不徳の帝王を廃した北条義時・泰時父子の「善政」が、こと

さら意識される必然性はあったのだ。

承久の乱にさいして、鎌倉方の総大将となった北条泰時については、北畠親房の『神皇正統記』も、「上下の礼節を乱らず」「己が分をはか」った人物として最大級の賛辞を送っている。また、後鳥羽上皇については、「徳政」の欠如を指摘し、その討幕の企てを、「上の御とが」「天のゆるさぬことは疑ひなし」と批判している。

君臣上下の「礼節」を自明の枠組みとする北畠親房は、臣下の名分(地位や身分に応じた職分)を否定してしまう天皇の専制を認めないという点で、たとえば『建武式目』第一三条の「君に君礼あるべし。臣に臣礼あるべし。およそ上下おのおの分際を守り」云々と共通する問題意識を抱えていた。

## 『建武式目』と『太平記』

連歌会や茶寄合の盛行は、建武の新政と不可分に浮上した文化的事態である。世俗的な序列(礼)を無化してしまう無礼講の寄合は、大乱の予感をはらみつつも、やがては武家や庶民をまき込んだ「群飲佚遊」(『建武式目』)の大流行となってゆく。

ところで、『建武式目』の起草者の一人である玄恵は、前述のように、今川了俊の『難太平記』によれば、足利直義の命をうけて「三十余巻」の太平記の校閲・改訂にたずさわった人物である。

玄恵が改訂に関与したとされる『太平記』は、序文に明言されるように、君臣上下の礼を政道の自明の枠組みとしている。

また、序文につづく第一巻の冒頭「後醍醐天皇武臣を亡ぼすべき御企ての事」では、後醍醐天皇と「武臣」北条高時を紹介して、「上《かみ》には君の徳に違ひ、下《しも》には臣の礼を失ふ」とし、君と臣、天皇と武臣それぞれの名分に悖《もと》るふるまいを述べ、その結果として、「万民手足《しゅそく》を措《お》くに所なし」という事態が出来したとする。

「万民手足を措くに所なし(すべての人民が安らかに暮らせない)」は、『論語』子路《しろ》篇の、「子曰く、必ずや名を正さんか。(中略)名正しからざれば、則ち言順《したが》はず。言順はざれば、則ち事成らず。事成らざれば、則ち礼楽興らず。礼楽興らざれば、則ち刑罰中《あた》らず。刑罰中らざれば、則ち民手足を措くに所なし」を典拠としている。

『論語』において「正名《せいめい》」の思想が展開される有名な一節だが、『太平記』は、序文につづく第一巻の冒頭において、すでに後醍醐天皇と北条高時との名分に悖るふるまいを批判しているのだ。それは『建武式目』第一三条の、「君に君礼あるべし。臣に臣礼あるべし。およそ上下おのおの分際《ぶんざい》を守り……」と共通する政治思想だった。

## 「正名」の思想

『太平記』がイメージする「太平」の世は、君臣の上下がそれぞれの名分をまっとうすることで維持される秩序社会である。それは初期足利政権が制定した『建武式目』の思想であり、また北畠親房の『神皇正統記』にも共通する思想だった。

そのような正名・名分の思想から、臣下の名分を無視(というより否定)してしまう後醍醐天皇の評価はおのずと決定される。

たとえば、建武政権の崩壊後に「王道衰へて、公家悉《ことごと》く廃《すた》れ」たそもそもの原因を、『太平記』は、後醍醐天皇が「武家(鎌倉幕府)を亡ぼ」したことに求めている(第二七巻「雲景未来記の事」)。君臣上下の礼(秩序)を自明の枠組みとする『太平記』にあって、臣下の名分を認めない天皇の専制は当然否定されるのだ。

『建武式目』第一、二条が「厳制」する「群飲佚遊」の茶寄合や連歌会は、まさに上下の礼を無化する「無礼講」の寄合である。それは、バサラや過差の時代風潮とともに、後醍醐天皇の「新政」の企てとともに浮上・顕在化した文化的事態である。『建武式目』の時勢批判は、たしかに『太平記』の時勢批判と政治的・思想的な立場を共有している。それは「二条河原落書」の時勢批判とも基本的に共通する立場だった。

初期足利政権が茶寄合や連歌会を「厳制」したにもかかわらず、うちつづく動乱の時代にあって、世俗的な秩序を転倒させるバサラの芸能空間は、ますますその規模を拡大させるかたちで展開していた。それはたとえば、『太平記』の後半部(第二三―四〇巻)に語られるとおりである。

北朝方の大名たちが「無礼《ぶれい》、邪欲《じゃよく》、大酒《おおざけ》、遊宴《ゆうえん》、ばさら、傾城《けいせい》、双六《すごろく》、博奕《ばくえき》」などを好み、それら「政道のために讎《あた》なるもの」を、「独《ひと》りとしてこれを好まざる者なし」といった事態が展開するのだが(第三五巻「北野参詣人政道雑談の事」)、そのような『太平記』後半部の世界の中心に位置したのが、いわゆるバサラ大名の佐々木道誉だった。

## アンビヴァレントな道誉評価

『太平記』で佐々木道誉のバサラのふるまいが語られる最初は、第二一巻「道誉妙法院《みょうほういん》御所を焼く事」である。暦応元年(一三三八)の秋、道誉の一族若党が「例のばさらに風流《ふりゅう》を尽《つ》くして」紅葉狩りをした帰りに、妙法院(延暦寺三門跡の一)の紅葉を折り取り、寺に詰めていた山《やま》法師《ほうし》(延暦寺の僧兵)らに打擲《ちょうちゃく》された。それを聞いて怒った道誉は、軍勢を率いて妙法院に押し寄せて焼き討ちしてしまう。

その咎によって、道誉は上総国《かずさのくに》へ(一時的に)流罪となるのだが、流罪の道行きは、家来たちに猿の皮の腰当てと靫《うつぼ》(矢入れの武具)を着用させ、「道々に、酒肴《さけさかな》を儲《もう》け、傾城《けいせい》を弄《もてあそ》ぶ」というもので、とても「尋常《よのつね》の流人」のようではなかった。

猿の皮を腰当てや靫に用いたのは、猿が日吉《ひえ》山王権現《さんのうごんげん》(比叡山延暦寺の鎮守《ちんじゅ》神)の使いであるから、まさに「山門《さんもん》の鬱陶《うっとう》を嘲哢《ちょうろう》した」ふるまいである。道誉のこうした傍若無人のふるまいを、『太平記』はもちろん批判的に記すのだが、しかしそれは、「美々《びび》しく見えたりける」とも評されている。

こうしたアンビヴァレントな道誉の評価は、『太平記』という作品が、序文等で説かれる儒教的な政道論の一辺倒ではなかったこと、むしろ「美々しく見えたりける」という評価に、バサラの時代のただ中にあって、時代の空気を鋭敏に呼吸していた作者の本音が露呈している。

世俗的な規範や制度を逸脱し、またそうすることで政敵やライバルを追い落としてゆく佐々木道誉のバサラのふるまいは、かれが主宰する芸能的寄合の空間においてぞんぶんに発揮されることになる。

たとえば、康安《こうあん》元年(一三六一)、将軍執事(管領)の細川清氏が失脚・没落したきっかけも、『太平記』によれば、道誉が催した茶会だった(第三六巻「細川清氏隠謀を企つる事」)。

細川清氏がかねて計画して、七夕の夜に将軍足利義詮《よしあきら》を自邸にむかえて歌会を行おうとした。だが、その当日、道誉は自分の宿所に「七所《しちしょ》の粧《かざ》り」をし、七百種の賭け物を積んで、七十服の本非《ほんぴ》の茶(本茶は宇治・栂尾《とがのお》の本場の茶、非茶はそれ以外の地方産の茶)を飲むという豪勢な闘茶の会を催し、将軍義詮に、細川清氏邸の歌会への出席をとりやめさせてしまう。

そして面目を失った細川清氏は、道誉の讒言によって失脚・没落してゆくのだが、道誉邸で行われた「七所の粧《かざ》り」は、前引の『喫茶往来』で述べられたような唐物趣味と、立花《りっか》で飾りたてられた会所の飾りである。「七所の粧《かざ》りは珍しき遊びなるべし」という将軍義詮のことばは、バサラ趣味の横溢した道誉の空間演出が、当時いかに魅力あるものと受けとめられていたかをうかがわせる。

### 佐々木道誉の役割

佐々木道誉の演出した芸能空間がもっとも大規模に展開されるのは、貞治《じょうじ》五年(一三六六)春に行われた大原野《おおはらの》の花見である。

貞治五(一三六六)年三月、管領斯波義将《しばよしまさ》の父であり後見役でもある斯波道朝《どうちょう》(俗名高経《たかつね》)が、将軍義詮の御所で花見の遊宴を催すべく、佐々木道誉にも案内を出した。だが、かねて斯波道朝に宿意を抱いていた道誉は、「わざと引き違《ひちが》へ」て、その当日、京中の「道々の物の上手ども」を一人残らず「皆引き具し」て、大原野で盛大な花見の遊宴を催した(『太平記』第三九巻「道誉大原野花会の事」)。

斯波道朝の面目を丸つぶしにしてしまうのだが、かつて後醍醐天皇と側近たちの「無礼講」においてそうだったように、道誉においても、芸能空間の演出は、その政治的な企てと不可分に行われたのだ。

『太平記』は、大原野を舞台にした道誉の空間演出を、会場へいたる通路からはじめて詳細に記しているが、圧巻はいうまでもなく、花見の主会場となる勝持寺《しょうじじ》本堂の庭である。

一歩三歎《いっぽさんたん》して、遥《はる》かに本堂の庭に躋《のぼ》れば、十囲《じゅうい》の花木《かぼく》四本あり。この本《もと》に、一丈余りの鍮石《ちゅうじゃく》を以て華瓶《かびん》に鋳懸けて、一双の立花《りっか》に作り成し、その間に、両囲の香炉を置いて、一斤《きん》の名香《めいこう》を一度に焙《た》き上《あ》げたれば、香風四方に散じて、皆人浮香世界《ふきょうせかい》に在るが如し。その陰《かげ》に、幔《まん》を引き、曲録《きょくろく》(注、いす)を立て並べて、百味《ひゃくみ》の珍膳《ちんぜん》を調《ととの》へ、百服の本非《ほんぴ》を飲みて、懸物《かけもの》山の如くに積み上げたり。

本堂前の「十囲《じゅうい》」（十《と》囲《かか》え）の桜の大木四本に、真鍮《しんちゅう》の花瓶を鋳かけ、大木をそのまま巨大な立花に仕立てるという趣向は、現代の前衛華道をも思わせるバサラの趣向である。花見の会場をそのまま一大祝祭空間に仕立てあげたのは、道誉本人であり、またかれに仕えた「道々の物の上手ども」である。

道誉に仕えた「道々の物の上手ども」は、のちに同朋衆《どうぼうしゅう》と呼ばれる諸芸諸道に秀でた遁世者である。室町文化の担い手となる同朋衆としては、足利義満に仕えた観阿弥、世阿弥父子が有名であり、また、足利義教や義政に仕えた能阿弥・芸阿弥・相阿弥の親子三代は絵師であり、唐物の鑑定とともに、連歌もよくした。あるいは作庭に秀でた善阿弥も、阿弥号をもつ遁世者である。

すでに元亨年間の後醍醐天皇の宮廷周辺で行われた「無礼講」も、『花園院宸記』には「飲茶の会」とあり、その会衆には、西大寺の律僧智暁《ちぎょう》が混じっていたという。後醍醐天皇に「朝夕《ちょうせき》」近侍した律僧（遁世僧）の智暁は、「無礼講」の空間のコーディネーターであり、その芸能的寄合の媒介者《メディエーター》でもあったろう。

後醍醐天皇の宮廷には、すでに「道々の物の上手ども」を取り仕切る遁世僧がいたわけだが、そのような芸能的寄合の場を仕切る者たちを最初に組織的に召し抱えたのが、佐々木道誉だった。

## 「日本的」文化の始発

『太平記』の伝える大原野の花見は、この時代の諸芸諸道のオルガナイザーとしての道誉の非凡さをうかがわせる。現代に伝わる能楽や茶道、華道(立花)、香道などの諸芸諸道の文化は、その草創期にあって、道誉の関与しなかったものはなかったといっても過言ではない(林屋辰三郎『佐々木道誉』)。

たとえば、能楽(猿楽《さるがく》)や田楽にかんして、道誉が一流の鑑賞眼をもっていたことは、世阿弥の芸談を記した『中楽談義』や『習道書《しゅどうしょ》』が伝えている。

当時隆盛をきわめていた連歌においても、道誉は、地下《じげ》連歌を代表する救済《ぐさい》と、堂上《とうしょう》連歌を代表する二条良基《よしもと》をともに後援している。遁世者の救済は、二条良基の連歌の師でもある。救済と良基、地下と堂上とを文字どおり「無礼講」的に結びつけ、『菟玖波集《つくばしゅう》』を後光厳天皇に奏請して准勅撰の連歌集としたのも道誉だった。

そして香、花、各種の座敷飾りをともなう総合芸術としての茶寄合である。千利休《せんのりきゅう》が書写したとされる『数奇道大意《すきどう》』には、「京極道誉、群を抽《ぬきんで》て茶・香を賞す」とあり、利休においても、佐々木(京極)道誉が催した茶寄合は、斯道の淵源と目されていた(堀口捨己『利休の茶』)。

佐々木道誉の多方面の教養とそのバサラの美意識は、日常的・世俗的な羈絆《きはん》にこだわらないという点で、安土桃山期の千利休の茶の湯のあり方にもつうじている。

茶会の席では、世俗的な地位や身分は問われないのが原則である。その意味では、今日の茶会の席につづく作法は、南北朝期の茶寄合にその原型がもとめられるのだ。

そしてくり返しいえば、それら南北朝・室町期に出現した文化的事態が、後醍醐天皇の「新政」の企てと不可分に浮上・顕在化したものである以上、今日もっとも「日本的」と考えられている諸芸諸道の文化は、後醍醐天皇の「新政」の企てとともに噴出したバサラと無礼講の芸能空間に、その淵源がもとめられるのだ。

# 第八章　建武の「中興」と王政復古

## 後醍醐天皇の死

延元四年(北朝の暦応二年〈一三三九〉)八月一六日、後醍醐天皇は吉野の行宮《あんぐう》で死去した。延元元年(建武三年〈一三三六〉)一二月に京を脱出し、吉野に朝廷を開いてから三年、京への帰還がかなわないままの死である。

『太平記』によれば、後醍醐天皇の最期の言葉は、「玉骨《ぎょっこつ》はたとひ南山《なんざん》の苔に埋《うず》まると雖《いえど》も、魂魄《こんぱく》は常に北闕《ほっけつ》(注、北朝の皇居)の天を臨《のぞ》まん」というもの。その遺言のとおり、天皇の遺体は北の方角を向き、左手には「法華経」五の巻、右手には剣を持つという臨終時の座したすがたのまま埋葬されたという(第二一巻「先帝崩御の事」)。

このような後醍醐天皇の死去の知らせは、二日後の八月一八日には京にもたらされ、北朝の公家たちに衝撃をもって受けとめられた。

かつて建武政権下で正三位参議として仕えた中院通冬の日記『中院一品記』は、八月一九日条に先帝崩御の風聞を記し、二八日条には、その風聞がたしかであり、「天下の重事《ちょうじ》」であること、またその治世を、「諸道の再興、偏《ひと》へにかの御代《みよ》にあり。賢才《けんさい》、往昔《おうせき》に卓爍《たくらく》たり」とたたえ、「公家の衰微、左右能《そう》はず《あた》（必至である）、愁嘆のほか他事なし」と記している。

京から遠くはなれた地での非業《ひごう》といってよい後醍醐天皇の死は、崇徳《すとく》上皇や安徳《あんとく》天皇など、かつての御霊《ごりょう》化した天皇・上皇の先例を想起させた。

たとえば、北朝の関白一条経通の日記は、先帝が「後醍醐院」と追号されたことを記し、「代々かくの如きの院、徳の字を用ひらる」として、その横に「崇―安―顕―順―等也」と注記している（『玉英記抄』暦応二年九月八日条）。崇徳、安徳、顕徳（後鳥羽）、順徳などの御霊化した天皇・上皇の先例に倣わずに、あえて「尊霊の叡情（故先帝のご意向）に叶《かな》ふ」べく、「後醍醐院」と追号したというのだが、それはとりもなおさず、先帝の「尊霊」にたいする畏怖のほどをうかがわせる。

### 後醍醐の鎮魂と「原太平記」

とりわけ足利尊氏・直義兄弟の「哀傷と恐怖」は「甚《はなは》だ深」く、両人はただちに七々日（四十九日）の仏事を「慇懃《いんぎん》」に執り行い（「天龍寺造営記録」）、没後百カ日には、等持院と南禅寺で、盛大な追善の供養会を催した。

その追善願文のなかで、尊氏は、「温柔《おんじゅう》の叡旨《えいし》なほ耳の底に留《とど》まり、恋慕の愁腸《しゅうちょう》なほ心端《しんたん》に尽くしがたし。恩恵窮《きわま》りなし。報謝《ほうしゃ》なんぞ疎かにせん」と述べている（「金沢文庫古文書」）。もちろん「恋慕の愁腸」云々の文面は、追善願文という文書の性格にもよるだろう。だが、後醍醐天皇への追慕と報謝の思いは、尊氏の偽らざる本心でもあったろう。かりに後醍醐という希有な帝王がいなければ、足利氏の政治的覇権もなかったのだ。

後醍醐天皇の死去から二カ月後の一〇月五日、尊氏と直義は、先帝への「報恩謝徳」のために寺院を建立することを、光厳上皇に奏請した。後醍醐天皇が、幼少期に母（談天門院忠子）と過ごした亀山離宮の地に、天龍寺が創建されるのだが、後醍醐の鎮魂を意図して建立された天龍寺は、まもなく京都五山の第一の格式をあたえられた。

さらに後醍醐没後の事業の一環として、法勝寺の円観（恵鎮）の周辺で、『太平記』が制作されることになる。かつて後醍醐天皇に近侍した円観は、天皇の命《めい》により鎌倉幕府の調伏祈禱を行い、また幕府の滅亡後は、北条高時の鎮魂のために、得宗館《とくそうやかた》の跡地（鎌倉市小町）に宝戒寺《ほうかいじ》を創建し、同寺の開山となった。

『太平記』前半部の最終巻、第二一巻には、先帝の崩御を記したあとに、「延喜《えんぎ》天暦《てんりゃく》より以来《このかた》は、先帝《せんてい》程の聖主神武《せいしゅしんぶ》の君は、未だおはしまさ」ずとある（「吉野新帝受禅の事」）。『難太平記』にいう円観持参の太平記「三十余巻」（「二十余巻」の誤写か）は、現存四〇巻本の前半部（第一―二一巻)に相当するだろう(岩波文庫『太平記(一)』「解説」、参照)。後醍醐天皇を「延喜天暦」以来の「聖主神武の君」とたたえる一節は、「原太平記」の結末部分にふさわしい記述といえる。

## 室町幕府の草創史として

円観の周辺で制作された「太平記」は、足利直義のもとにもたらされ、直義がそれを玄恵に校閲させたところ、多くの「悪しきこと」や「違《たが》ひめ」があり、そのため、追って「書き入れ」「切り出し」が終わるまでは「外聞」が禁じられたという(『難太平記』)。

そして足利政権の周辺で加筆・改訂された「太平記」は、後醍醐天皇の死去後の一連の事態、とりわけ足利政権の内部分裂と抗争(いわゆる観応《かんのう》の擾乱《じょうらん》)、それに乗じた南朝勢力の進出と敗退(正平《しょうへい》の一統)などが書き継がれてゆく。

現存の『太平記』の最末尾、第四〇巻は、貞治六年(一三六七)一二月の二代将軍足利義詮の死去と、管領細川頼之に補佐された足利義満《よしみつ》(当時一〇歳、幼名春王《はるおう》)の登場までを記して筆をおく。貞治六年の時点では、九州地方などは南朝方の制圧下にあり、南北朝の合一は、それから二十数年後の明徳三年(一三九二)である。

にもかかわらず、『太平記』全四〇巻の最終章が、貞治六年一二月の足利義満の登場をもって、「中夏無為《ちゅうかぶい》の代《よ》になりて、目出度《めでた》かりし事どもなり」(「中夏」は、中華に同じ。ここは日本国をさす。「無為の代」は、為政者が何をせずとも、天下がひとりでに治まる太平の世)という祝言で語り終えるのは、当代の治世をはばかったための擱筆《かくひつ》である。やがて室町幕府の全盛時を築くことになる足利義満の登場までを記すことで、ともかくも室町幕府草創史としての『太平記』の形式は整ったのだといえる。

後醍醐天皇の一代記として編纂が開始された『太平記』は、室町幕府の草創史という枠組みを重ね合わせるかたちで、加筆と改訂、さらに書き継ぎが行われた。『太平記』がそのような段階的な成立過程をもつこと、その結果として、相反する二つの立場からする後醍醐天皇の評価が混在していることなどは、さきに述べた。

## 近世の後醍醐天皇評価

後醍醐天皇の即位から死去までを語る『太平記』の前半部で、天皇批判がとくに顕著な箇所は、全体の枠組みを語る第一巻と、建武政権の失政を語る第一二―一三巻である。いずれも足利政権周辺での加筆・改訂が想定される箇所だが、しかしそれらの巻で展開される後醍醐天皇批判は、『太平記』の広汎な流布とともに、近世の武家の修史事業における歴史認識へ受け継がれてゆく。

たとえば、新井白石の『読史余論』（正徳《しょうとく》二年〈一七一二〉）は、後醍醐天皇が、その「不徳」にもかかわらず鎌倉幕府を亡ぼすことができたのは、北条氏の世の「ほろぶべき時にあはせ給ひし」に過ぎないとしている。また、南北朝の抗争で南朝が敗れたのは、「創業（注、後醍醐）の御《ご》不徳《ふとく》によりて、天の与《くみ》し給はぬによれるべし」とし、さらに南朝の皇胤《こういん》が絶えたことも、「後醍醐の院の御積悪《ごしゃくあく》の余殃《よおう》なり」とする。

『読史余論』には、後醍醐天皇の「不徳」「積悪」にかんする具体的な記述はみられない。新井白石にとって、後醍醐の「不徳」や「積悪」は自明のことであり、それは『太平記』に記されるとおりであって、「事煩《わずら》はしく」説明するに及ばない事柄だった。

『太平記』によって流布した後醍醐天皇の不徳と失政のイメージは、近世には南北朝時代の歴史認識の枠組みとして広く流通していた。

たとえば、徳川（水戸）光圀《みつくに》の発意によって編纂された『大日本史』は、よく知られるように、近世・近代の南朝正統史観の形成に大きな影響をあたえた。しかし光圀の史臣として『大日本史』の編纂に主導的な役割を果たした安積澹泊《あさかたんぱく》は、後醍醐天皇紀の論賛（紀伝の末尾に書き加える論評）で、つぎのように記している。

灎妻嬖《えんさいへい》せられて賞罰濫《みだ》れ、諫臣《かんしん》去りて紀《き》綱紊《こうみだ》る。忠臣義士有りと雖《いえど》も、肝脳草野《かんのうそうや》に塗《まみ》れ、而して終《つい》にこれを能《よ》く救ふこと莫《な》きなり。特に惜しむ、その撥乱《はつらん》の才は、以て俊傑を駆使するに足るも、而も聡叡《そうえい》の蔽《へい》は、忠《ちゅう》・佞《ねい》を甄別《けんべつ》すること能《あた》はず。延喜《えんぎ》の治《ち》を復せんと欲すれども、それ得《う》べけんや。

「灎妻嬖《えんさいへい》せられて賞罰濫《みだ》れ」は、阿野廉子(後村上天皇の生母)が中宮禧子をさしおいて後醍醐天皇に寵愛され、建武政権下では、廉子の内奏により「賞罰」が乱れたことをさす。「諫臣去りて紀綱紊《みだ》る」は、万里小路藤房が、度重なる天皇への諫言が容れられずに出家遁世したことをさし、また「忠臣義士有りと雖《いえど》も、肝脳草野《かんのうそうや》に塗《まみ》れ、而して終《つい》にこれを能《よ》く救ふこと莫《な》きなり」は、天皇が楠正成の献策を容れずに、正成をむざむざ死地においやったことをさす。

いずれも『太平記』に語られる周知の物語である。新井白石の『読史余論』と同じく、安積澹泊が執筆した『大日本史』論賛の後醍醐天皇評も、『太平記』第一巻や第一二―一三巻の記述をふまえて書かれたのだ。それは江戸中期(一八世紀)までに書かれた多くの史書や史論にほぼ共通する後醍醐天皇評価だった。

## 南朝正統論はどこから来たか

『大日本史』は、その論賛における後醍醐天皇批判にもかかわらず、南朝を正統とし、北朝を閏統《じゅんとう》(非正統)としている。紀伝体で構成される『大日本史』は、本紀に南朝の四帝(後醍醐、後村上、長慶《ちょうけい》、後亀山)を掲げ、南北朝の正閏(正統と非正統)をきわめてクリアなかたちで呈示している(『大日本史』の本紀は、北朝の即位をいちおう認めるかたちで、北朝五帝を後小松天皇紀の巻頭に列記するが、北朝の帝は、天皇とは称されずに「光厳院」「光明院」等の院号で称される)。

『大日本史』が南朝を正統としたのは、徳川光圀が発意した「卓見」とされる(藤田幽谷『修史始末』元禄《げんろく》四年五月条)。南朝正統論は、以後、彰考館《しょうこうかん》(水戸藩の史局)の史学者たちに引き継がれ、やがて幕末から近代の天皇問題の根幹となってゆく。

しかし注意したいのは、徳川光圀が南朝を正統としたのは、宋学(朱子学)の正統論や正閏弁別の思弁である以前に、足利氏に代わって将軍職を継承した「神君」家康が、清和源氏新田流の由緒を主張していたからだ。

徳川家康が神龍院梵舜《しんりゅういんぼんしゅん》(家康に仕えた学者、神道家)に命じて刪定《さんてい》した『尊卑分脈《そんぴぶんみゃく》』(梵舜本)をはじめとして、近世の徳川氏関係の文書・記録類によれば、徳川家康の先祖は、新田氏の初代源《みなもとの》義重《よししげ》の四男で、上野国新田郡得川郷《とくがわごう》（群馬県太田市徳川町）に住んだ義季《よしすえ》である。その得川（徳川）義季から六代目の政義《まさよし》から一〇代泰親《やすちか》までは、江戸時代の徳川氏関係の文書にしか名前がみられない。だが、この系図によって、ともかく朝廷（南朝）に代々忠節を尽くした清和源氏新田流の徳川氏の由緒が確定する。

たとえば、慶長八年三月、征夷大将軍就任の拝賀のために参内《さんだい》した家康は、朝廷で「につた殿」と呼ばれている（『御湯殿上の日記』慶長八年三月条）。「につた殿（新田殿）」と呼ばれることが、家康が足利将軍に代わるための大義名分だったのだが、その延長上で、『大日本史』の南朝正統史観は構想される。『大日本史』の新田義貞伝の論賛には、つぎのような一節がある。

その（注、新田義貞の）高風完節《こうふうかんせつ》に至りては、当時に屈すと雖《いえど》も、能《よ》く後世に伸ぶ。天果たして忠賢を佑《たす》けざらんや。その足利氏と雄を争ふを観《み》るに、両家の曲直、赫々《かっかく》として人の耳目に在り。愚夫愚婦と雖も、亦能く新田氏の忠貞たるを知る。

「能く後世に伸ぶ」とは、現在の徳川氏が新田氏であるということ。「足利氏と雄を争」って敗れた新田氏は、その「忠貞」ゆえに天佑《てんゆう》を得て、家康の代に幕府を創業した。徳川光圀が南朝の正統性を主張することは、南朝への節義に殉じた新田氏の「高風完節」を主張することであり、それはとりもなおさず、徳川氏の政治的覇権を正当化する論理につながっていた。

## 読みかえられる南朝正統史観

『大日本史』の南朝正統史観の延長上で、たとえば、頼山陽の『日本外史』は、その「徳川氏正紀」(巻一八)を、「我が徳川氏は新田義重より出づ」と説き起こすだろう。

その高揚した文体で幕末の多くの「志士」(前述のように、『太平記』の児島高徳譚によって流布した語)を感化した『日本外史』ではあるが、山陽の歴史観は、南北朝の正閏問題にかんしては新田流徳川系図の延長上にあり、『大日本史』の南朝正統論の大枠のうえで展開された尊王史観だった。

南朝を正統とした徳川光圀は、「神君」家康が創始した徳川幕藩体制の歴史的な正当化を企てていた。光圀本人は、けっして後期水戸学的な意味での「勤王の唱主《しょうしゅ》」「復古の指南」(明治三三年〈一九〇〇〉の光圀贈位の詔)などではなかったのだ。

しかし『大日本史』を考えるうえで注意したいのは、光圀によって構想された南朝正統史観が、彰考館の内部でその後どのように読みかえられていったかは、すでに光圀本人のおもわくを超えた問題であるということだ。

一八世紀の半ば以降、ヨーロッパ列強のアジア進出が本格化し、対外情勢が緊迫化してゆくなかで、『大日本史』の南朝正統史観は、現実の危機に対処するイデオロギーとして意図的に読みかえられてゆく。読みかえの中心的役割を担ったのは、天明《てんめい》八年(一七八八)に弱冠一五歳でその才分を認められ、町人身分から彰考館員に取り立てられた藤田幽谷《ゆうこく》(名は一正《かずまさ》)である。

彰考館員に抜擢された藤田は、『大日本史』をテクストとして読み深めてゆく過程で、天皇をめぐる大義名分の議論を組み換えることになる。すなわち、寛政《かんせい》三年(一七九一)に執筆した「正名論《せいめいろん》」だが(後述)、天皇問題の言説《ディスクール》の組み換えをとおして、藤田はやがて、『大日本史』の既存の編修方針そのものに異議を申し立てたのだ。

そして藤田幽谷によって引き起こされた彰考館内部のイデオロギー闘争ともいえる論争は、水戸学の前期と後期を画する指標《メルクマール》となるのである。

## 論争の勃発

寛政九年(一七九七)八月、藤田幽谷は彰考館の同僚宛てに公開の質問状を送りつけ、総裁の立原翠軒《たちはらすいけん》によって進められていた『大日本史』の刊行計画に異議を申し立てた。

その一〇年ほど前、藤田が彰考館入りしてまもない寛政元年（一七八九）夏に、立原は「日本史上梓《じょうし》の議」を藩当局に建言していた。

水戸藩に史局（彰考館）が開設されてから、すでに百三十年余りが経過していた。「世を没《つく》し年を窮《きわ》むるも、稿を脱する能《あた》は」ざる修史事業の現状にたいして、立原は、当時ほぼ成稿段階にあった本紀と列伝の上梓（刊行）をもって、「義公（光圀）」の志した修史事業のひとまずの完成と考えたのだ。

そして藩当局の許可を得た立原は、ただちに刊行へ向けた作業を開始したが、作業の進展とともに生じた議論は、彰考館内部に激しい対立を引き起こすことになる。

水戸学の「三大議論」と呼ばれる論争であり、その論争をしくんだのが、かつて立原によって俊才ぶりを見込まれ、彰考館員に推挙された藤田幽谷だった。

寛政一一年（一七九九）の光圀百年忌へむけて『大日本史』の刊行を急いでいた立原は、紀伝体の正史を構成する志《し》（天文・地理・礼楽・刑政・食貨等々の部門別の制度史）と表《ひょう》（各種の年表や系譜）の編修断念を提案していた。

『大日本史』の志・表の編修が決定されたのは、光圀の没後一七年目の享保《きょうほう》元年（一七一六）である。その後も編修作業は遅々として進んでおらず、「義公（光圀）の志《こころざし》は、もっぱら紀伝（本紀と列伝)に在り」(「日本史上梓の議」)とする立原の主張は、必ずしも強弁ではなかったろう。

しかし寛政九年八月、藤田幽谷は公開の質問状を立原に送りつけ、「義公の意は、紀・伝・志・表のことごとく成るを竢《ま》ち、然《しか》る後《のち》にこれを天闕《てんけつ》(朝廷)に奏」することにあったとして、紀伝の刊行は、志・表の完成をまって行うべきだと主張した(「校正局諸学士に与ふるの書」)。

それはしかし、光圀の百年忌というタイムリミットを限って進められていた立原の刊行計画にたいして、事実上の計画断念を迫るものだった。これをさかいに、立原と藤田の師弟関係は急速に悪化してゆくが、藤田はこのとき、『大日本史』の題号にかんしても異議を申し立てている。

藤田によれば、中国の正史が国号をもって書名とするのは、革命(いわゆる易姓《えきせい》革命)によって王室・王朝が交替したからである。わが国では「一姓《いっせい》」の天皇によって皇統が「無窮《むきゅう》」に伝えられる。よって「日本史」という題号は、革命を既定事実とした中国正史の方法を、わが国史に準用するものにほかならない。

いかにも水戸学ふうのリゴリスティックな大義名分の議論である(「水戸学的」ともいえる議論のスタイルは、藤田幽谷によって確立する)。だがそれにしても、本書が「大日本史」と呼ばれてすでに八十年余りが経過している以上、題号が名分に悖《もと》るとする主張は、名分論史学の正論を楯にした、ほとんど言いがかりめいた議論である。げんに文化《ぶんか》六年(一八〇九)二月、朝廷から水戸藩に、「旧に依りて大日本史と号して可なり」とする勅許がくだると、藤田はただちに題号の議を取り下げている。

『大日本史』と称する一応の名分が立ったということだが、ちなみに題号問題と同時に提起された志・表の編修問題は、藤田がその編修頭取に任じられた享和《きょうわ》三年(一八〇三)以降も、作業は遅々として進んでいない。藤田の異議申し立てのねらいが、志・表の編修や題号それ自体よりも、もっと別のところにあったことが知られるのだ。

## わが国固有の名分秩序

享和三年(一八〇三)一月、一連の論争の核心ともいえる論賛削除の議が、藤田の盟友高橋坦《たん》室《しつ》によって建議された。

『大日本史』の本紀と列伝の末尾に付された論賛は、光圀の史臣として厚い信任を得ていた安積澹泊によって執筆されていた。だが、高橋坦室が藩主徳川治保《はるもり》の意見として彰考館員に書き送った書簡によれば(岡崎正忠撰『修史復古紀略』享和三年正月一〇日条所収)、中国の正史に論賛があるのは、現王朝が前王朝の得失を論じるからである。

王朝の交替を既定事実とする中国正史に倣って、わが国史に歴代天皇の「失得を論じて忌憚《きたん》する所な」い論賛があるのは、穏当ではなく、それは「先公(光圀)の意」に悖るものである。よって、『大日本史』の論賛は、すみやかに「悉くこれを刪去《さんきょ》」しなければならないという。

たとえば、『大日本史』の後醍醐天皇紀の論賛は、さきに述べたように、『太平記』の第一巻や第一二—一三巻の記述をほぼ踏襲するかたちで、後醍醐天皇の不徳と失政について論じていた。そうした箇所が、天皇の「失得を論じて忌憚する所な」いものとして問題視されたのだ。高橋のこの主張に、藤田がただちに同意したことはいうまでもない。そして高橋による論賛削除の建議から一カ月後、彰考館総裁の立原翠軒は、一連の混乱の責めを負うかたちで、総裁の職を辞任することになる。

高橋や藤田が、総裁の立原を失脚させてまで論賛の削除を企てた理由はなんだったのか。「安《いずく》んぞ先公の意に負《そむ》かざるを知らんや」というかれらの主張を、額面どおりに受け取ることはできない。

安積澹泊が執筆した論賛は、かれが光圀の史臣として厚い信任を得ていたことを考えれば、「先公の意」に悖るものではなかったろう。むしろ藤田らの『大日本史』解釈が、しだいに「先公の意」からズレはじめていたところに、論賛の削除が企てられた真の理由もあったようなのだ。

すでに述べたように、『大日本史』の南朝正統史観は、論賛による方向づけをとおして、一義的に徳川政権の正当化に結びつけられる。南朝の正統性を主張することは、新田流徳川氏の覇権の正当性を主張することである。しかしかりに、この論賛を削除してしまうとどうなるか。

## 空白としての足利時代史

論賛の削除問題とあわせて考えてみたいのは、やはり徳川光圀の没後に編修上の争点となった続編（足利時代史）の執筆問題である。

論賛の方向づけにしたがうなら、『大日本史』が南北朝の合一で擱筆すること（足利時代史を叙述しないこと）は、あるべき武家政権を、新田流徳川氏の時代に暗示する構成である。だが、論賛を除外して考えるとどうなるか。

宝永《ほうえい》・正徳《しょうとく》年間（一七〇四―一六）に、彰考館総裁酒泉竹軒《さかいずみちくけん》らが建議した続編（足利時代史）の執筆問題にかんして、藤田幽谷は、酒泉らが失職を恐れたために画策した事業の引き延ばしと断じ、かれらの企てを「卑陋《ひろう》」「狡巧《こうこう》」と糾弾している（『修史始末』元文《げんぶん》五年八月条）。『大日本史』が足利時代史を叙述しないことは、藤田幽谷にとって『大日本史』の名分論史学のかなめとなる問題だった。

たとえば、幼時から父幽谷の薫陶を受けた藤田東湖《とうこ》は、その著『弘道館記述義《こうどうかんきじゅつぎ》』(弘化《こうか》三年〈一八四六〉)のなかで、足利時代史を総括して、つぎのように述べている。

足利尊氏また禍乱《からん》を作《な》し、敢《あ》へて至尊《しそん》に抗し、しばしば皇子を害す。(中略)その家族陪臣の、朝《あした》に向かひ夕《ゆうべ》に背き、互に相夷滅《あいいめつ》せし者の如きは、紛々擾々《ふんぷんじょうじょう》枚挙にいとまあらず。君臣の義、また廃《すた》るに幾《ちか》し。稗官野史《はいかんやし》には、或は書して「天皇謀反」と曰ひ、或は称して「親王京師《けいし》に流さる」と曰ふ。(中略)その間、名分の錯乱せること一にあらず。而して足利義満の罪、もつとも大なりとす。その太政大臣たらんことを請ふて君を要し、臣を朱明《しゅみん》(朱は明の王室の姓)に称して国を辱しめ、出遊《しゅつゆう》或いは行幸に擬して上《かみ》を僭《せん》す。尊卑内外の分、また弁ぜざるに幾《ちか》し。

後醍醐天皇に叛した足利尊氏の時代は、まさに「君臣の義」がすたれ、「名分の錯乱せる」時代である。とくに正統の王朝(南朝)をほろぼした三代将軍足利義満は、外国(明の永楽帝)に臣従して「日本国王」に封《ほう》ぜられ、みずからの出遊を天皇の「行幸に擬し」ている。

南北朝の合一とは、南朝―新田氏にたいする北朝―足利氏の勝利などではなかった。それは、新井白石の『読史余論』がいみじくも喝破したように（上巻「総論の事」「南北分立の事」）、古代以来の正統王朝の滅亡であり、それに代わる武家王朝の始発である（似たような歴史認識は、太宰春台《だざいしゅんだい》『経済録《けいざいろく》』などにみえる）。

それが足利義満による南北朝合一の実態なのであれば、そのような「錯乱」した事態に対処すべき名分論上の議論は、すでに南北朝正閏の弁別問題などにあるのではない。正閏論や正統論の相対性を超えた、ある絶対的な名分論上の図式《シェーマ》が必要とされるわけで、そこに浮上してくるのが、いわゆる「国体」の観念だった。

## 正統論から国体論へ

寛政三年（一七九一）、藤田幽谷が一八歳の若さで執筆した「正名論」に、すでにつぎのような一節がみえている。

赫々《かっかく》たる日本は、皇祖開闢《かいびゃく》より、天を父とし地を母として、聖子・神孫、世々明徳を継ぎ給ひ、以て四海《しかい》に照臨《しょうりん》す。四海の内、これを尊びて天皇といふ。（中略）君臣の名《めい》、上下の分《ぶん》、正しく且つ厳《おごそ》かなること、なほ天地の易《か》ふべからざるがごとし。これを以て皇統の悠遠、国祚《こくそ》の長久、舟車《しゅうしゃ》の至る所、人力の通ふ所、殊庭絶域《しゅていぜついき》、未だ我が邦のごときはあらざるなり。豈《あ》に偉《い》ならずや。

天皇の絶対的権威のみが強調されるこの（やや神がかり的な）文章に、すでに「武臣」徳川氏の名分が介在する余地はないだろう。徳川光圀以来の水戸史学の正名・名分の議論は、藤田幽谷にいたって新たな思想的な転位を遂げたのだ。天皇の不可侵の権威をもって、「未だ我が邦のごときはあらざるなり」とするみぎの文章には、幕末から明治、さらに昭和へ引き継がれたアジテーションの原型さえうかがえよう。

「国体」という言葉を、水戸学のキーワードとして定着させたのは、藤田幽谷の門人、会沢《あいざわ》正志斎《せいしさい》の『新論』（文政《ぶんせい》八年〈一八二五〉）である。だが、名分論史学の位相的な転換は、『新論』が書かれる三〇年以上もまえに、すでに弱冠一八歳の藤田幽谷によって行われていた。問題はすでに、北朝にたいする南朝、足利政権にたいする新田流徳川政権の正統性などにはないわけだ。

南北朝時代につづく足利時代とは、「国体を欠くや甚だし」き時代であり（会沢正志斎『新論』

上巻)、ゆえにそれは、『大日本史』にとって歴史叙述の空白でありつづける。そのような叙述の空白部分を延長したところに、現在の徳川政権も位置づけられるのであれば、『大日本史』が引きおこす名分論上の議論は、たんに過去の歴史叙述だけに限定されるものではない。

たとえば、足利時代以降に失われた「国体」を回復する思想運動が、水戸学の尊王攘夷論である。「尊王」と「攘夷」を一語とした「尊王攘夷」の語の初出は、天保《てんぽう》九年(一八三八)に藤田東湖が執筆した「弘道館記」(徳川斉昭《なりあき》撰)である。

父幽谷の薫陶をうけた東湖が熱烈な攘夷論者だったことは、その『回天詩史《かいてんしし》』等が伝えるかずかずのエピソードからうかがえる。東湖のとなえる「攘夷」では、欧米列強はもちろん、その脅威に屈する幕府重臣さえ攘夷の対象になる。

『回天詩史』『弘道館記述義』などの東湖の著作が、幕末の「志士」たちに愛読・愛唱され、かれの私塾、青藍舎《せいらんしゃ》で教えをうけた水戸藩士の多くが、桜田門外の変から天狗党の乱にいたる攘夷の決起に参加していったことは知られている。

「国体」という観念のまえでは、将軍―藩主―藩士―下士《かし》という武家社会の既存の序列《ヒエラルキー》が無化されてしまう。藩というローカルな名分を克服できたところに、水戸学が幕末の革命運動を主導する広汎なイデオロギーになりえた根拠もあったろう。

そのような名分論史学の位相的な転換を周到かつ巧妙に用意したのが、藤田幽谷であり、それは『大日本史』の論賛の削除を画期とする、南朝正統史観の読みかえをとおして達成されたのだ。もちろんそれは、徳川光圀がかつて予想もしなかった異形の名分論だった。

## 「国体」と幕末の「国民国家」

天皇を唯一絶対の例外者とすることで、既存の武家社会のヒエラルキーが根底から無化されてしまう。「国体」の絶対性のまえでは、「武臣」徳川氏の名分さえ相対化されてしまうのだ。そこからは、現実の徳川政権の存在そのものを止揚した、ある新しい国家像さえイメージされたはずである。

たとえば、寛政八年(一七九六)一月、藤田幽谷が彰考館総裁の立原翠軒に宛てた上書《じょうしょ》に、つぎのような一節がある。

それ当今《とうこん》の制、大夫《たいふ》の子は恒《つね》に大夫たり。士の子は恒《つね》に士たり。尊官厚禄《そんかんこうろく》、未だ遽《にわ》かには致《ち》を易《か》へず。

「門地資蔭《もんちしいん》」(門閥・家柄)による官職と俸禄の差別を、「賢愚倒置《けんぐとうち》」と批判したのだが(幽谷はこの年、徒目付《かちめつけ》から小十人組《こじゅうにんぐみ》に昇格していたが、あいかわらず藩主からは遠く隔てられた下士身分である)、翌年の寛政九年(一七九七)一一月、幽谷は藩主徳川治保に宛てて藩政の改革案を具申し、つぎのような封事《ふうじ》(藩主に直接宛てた意見書)を上書した。

武人兵士は、官を世にし、職を世にして、酒肉の池、歌吹《かすい》の海、耳目を蕩《とろ》かし、筋骨を治《と》かし、天下滔々《とうとう》として酔生夢死《すいせいむし》し、戦《いくさ》の危ふきを忘るること、また開闢《かいびゃく》以来なき所なり。(「丁巳封事《ていしふうじ》」)

「官を世にし、職を世に」する藩上層部の無能ぶりを糾弾し、官職の世襲制にたいして根本的な疑義を申し立てたのだ。

この封事によって、幽谷は不敬の罪に問われ、謹慎を命じられた。謹慎は三年後に許されたが、藤田幽谷をはじめ、長久保赤水《ながくぼせきすい》、会沢正志斎、豊田天功《とよだてんこう》など、後期水戸学を代表する人材が、農民や町人(せいぜい下士)身分の出身者だったことは見落とせない事実である。

農村の疲弊を身近に体験したかれらは、彰考館員として下士身分にとりたてられるや、ただちに農村の救済策を論じ、農政ひいては藩政全般の改革意見を具申した。

藤田幽谷のばあい、農政改革を論じた『勧農或問《かんのうわくもん》』(寛政一一年〈一七九九〉)の著述のほかに、藩主に直接宛てた封事は、現存するものだけで二十数通に及んでいる(『幽谷全集』所収)。藩主に直書する「封事」という意見具申のスタイルは、かれの政治思想の具体化でもあったろう。藩政の序列《ヒエラルキー》をとび超える幽谷にとって、みずからの立場を正当化する名分論上の議論が「正名論」だった。

天皇の唯一絶対の権威を主張することで、将軍―藩主―藩士―下士という幕藩体制のヒエラルキーが根底から無化されてしまう。正閏論から国体論へ――、名分論史学の位相的な転換を企てた藤田幽谷の念頭に、現実の身分制社会にたいする根本的な懐疑があったことはたしかである。

水戸学の「国体」の観念は、吉田松陰のいわゆる「草莽崛起《そうもうくつき》」(民が身を起こして国事に奔走すること)のスローガンを経て、幕末の革命運動を主導する広汎なイデオロギーとなってゆく。近世の身分制社会から近代の国民国家への移行があれほど速やかに行われた背景にも、幕末の「志士」たち(明治の民権・国権論者たち)によって鼓吹された「国体」の観念が存在しただろう。

「四民平等」の国民国家は、福沢諭吉らの啓蒙活動よりも以前に、すでに藤田幽谷や会沢正志斎らによって構想されていたのである。それはくり返しいえば、『大日本史』の論賛の削除を画期とした、名分論史学の位相的な転換によってもたらされた日本型のネーション・ステートの思想だった。

## 王政復古と建武の「中興」

慶応《けいおう》三年一二月九日（太陽暦の一八六八年一月三日）、王政復古の大号令が発せられ、将軍と幕府は廃され、天皇のもとでの一元化された政体への移行が決定された。将軍はもちろん、摂政・関白等の公家の門流支配をも廃した王政への復古は、まさに後醍醐天皇が企てた「新政」（天皇親政）の再現である。

明治新政府は、同年中に建武の「中興」に尽力した功臣を顕彰する事業を開始し、その最初の事業として、摂津湊川の古戦場に、楠正成をまつる神社を建立した。湊川（神戸市中央区）には、元禄五年（一六九二）に徳川光圀によって楠正成の墓碑「嗚呼《ああ》忠臣楠子《なんし》之墓」が建立されていた。その一帯を境内地として、明治五年（一八七二）五月、建武の功臣をまつる最初の別格官《べっかくかん》幣社《ぺいしゃ》として、湊川神社は完成した。

明治政府が建武の功臣の第一として楠正成を顕彰したのは、維新の元勲たちが「草莽の臣」正成に、かつてのみずからのすがたを重ねあわせていたからだ。

たとえば、幕末長州藩の勤王家は、「正成をする」という言葉を、京・大坂の庶民あいてのプロパガンダに用いたという(司馬遼太郎『余話として』)。正成の合戦講釈は、近世をつうじて広汎な人気を博していたが、「正成をする」のスローガンは、勤王の「志士」(草莽の臣)たちの行動のイデオロギッシュな像をなまなましく喚起しただろう。

楠正成を顕彰する湊川神社が完成した翌年の明治六年、文部省編纂の最初の国語教科書として、『小学読本』(全五巻、榊原芳野《よしの》撰)が発行された。その巻四には、楠正成・正行《まさつら》父子(および正行の母)の話が載せられている。和漢の故事に取材した『小学読本』巻四にあって、楠親子の物語は、もっとも長文の教材になっている。『太平記』所載の話を抄出・平易にした楠親子の物語が、あるべき日本国民の手本として普通教育(義務教育)の教材とされたのだ。

さらに、明治一〇年(一八七七)には『大日本史』が准勅撰の国史とされ、その続編の編纂が太政官直属の修史館で企画された。南北朝の合一までを記す『大日本史』にたいして、続編は、『大日本史』と一部重複するかたちで、後醍醐天皇から叙述するとされた。明治政府の官撰の国史は、後醍醐天皇の建武の「中興」に起筆するのがふさわしいと考えられたのだ。

建武の「中興」を顕彰する事業の一環として開始された官撰国史の編纂事業は、しかし前述のように、編纂責任者である重野安繹らの「抹殺論」史学が物議をかもし、明治二六年(一八九三)に、文部大臣の井上毅《こわし》によって事業の中止が命じられた。

しかし国史編纂の事業は中止されても、史料の収集・編纂は、その後も東京帝国大学史料編纂掛で継続され、明治三四年(一九〇一)に『大日本史料』の刊行が開始された。

『大日本史料』の第一冊として刊行されたのは、第六編之一(元弘三年五月—建武元年一〇月)であり、その巻頭は、鎌倉幕府が滅亡した次の日、すなわち建武の新政が開始される元弘三年(一三三三)五月二三日の史料である。建武の新政関係の史料が『大日本史料』の第一冊目の劈《へき》頭《とう》に置かれたのは、いうまでもなく、建武の「中興」を明治維新の先蹤《せんしょう》として位置づける歴史的なアナロジーが働いていたからだ。

### 「臣民」という思想

はじめにも述べたように、後醍醐天皇の討幕の企てに端を発した南北朝の動乱は、近代以前において、天皇の存在がもっともイデオロギッシュに問題化した時代である。それは一つには、鎌倉末から南北朝における宋学の流行を背景としており、また後醍醐天皇の強烈な個性と、過剰ともいえる政治意欲がもたらした事態である。

そして臣下のヒエラルキーを否定するその専制的な政治手法が、近世後期以降、わが国固有の国体への「復古」ないしは「中興」とイメージされたことで、後醍醐天皇の「新政」の企ては、以後の日本の政治史と思想史に甚大な影響を及ぼすことになる。

たとえば、明治二三年(一八九〇)、国民道徳の基本を示した明治天皇の勅語として、『教育勅語』が発布された。その一節に、つぎのような周知の一文がある。


我ガ臣民、克《よ》ク忠ニ克《よ》ク孝ニ、億兆心ヲ一ニシテ、世々厥《そ》ノ美ヲ済《な》セルハ、此レ我ガ国体ノ精華《せいか》ニシテ、教育ノ淵源《えんげん》亦実ニ此《ここ》ニ存ス。


すべての「臣民」が忠・孝ひとつに心を合わせることが、わが「国体ノ精華」であり、教育の根本理念もここにあるのだという。

ここでいわれる「臣民」は、四民(士農工商)をひとしく天皇の臣下として位置づける水戸学の「国体」論の用語である。ほんらい別個の存在である「臣」と「民」をあわせていうばあいの「臣民」は、古くからあった語である。だが、「臣」と「民」を同一視し、単一の存在呼称として「臣民」の語をもちいたのは、藤田幽谷の門人会沢正志斎の『迪彝篇《てきいへん》』が最初だった。身分や出自にかかわりなく、すべての民をひとしく天皇の「臣民」と位置づける思想が、士農工商の身分制社会にたいするアンチテーゼとして、ある種の解放と平等の思想でありえたことは、さきに述べた。しかし明治維新後に成立した現実の天皇制国家において、四民をひとしく天皇の「臣民」と位置づける思想は、国家が国民を直接的・無媒介的に把握する制度上の用語として読みかえられてゆく。

たとえば、明治一五年(一八八二)に発布された『軍人勅諭』の、「我国ノ臣民タランモノ、武勇ナクテハ叶フマジ」であり、また「臣民ノ権利義務」を詳細に規定する明治二二年(一八八九)の『大日本帝国憲法』である。

天皇の「臣民」という思想が、臣(武士)と民(農民・商工民)とのかつての分業体制を否定するかたちで、国民皆兵の近代軍隊をつくりあげてゆく。民を天皇に直結させる大義名分の思想が、国家が民(国民)を無媒介的に把握する思想として読みかえられるのだ。

明治以降、水戸学の「国体」の思想が国家の論理へと回収されてゆく過程は、楠正成の「草莽」の物語が、あるべき日本国民の手本として制度化されてゆく過程ともパラレルな関係にあったろう。

## 法治国家のアポリア

後醍醐天皇の「新政」の企てに端を発し、南北両朝として顕在化した二つの天皇制のかたちが、明治維新後に成立した現実の天皇制国家において止揚・統合されたのだといえようか。

水戸学の「国体」の思想は、『大日本帝国憲法』と『教育勅語』における制度上の理念として読みかえられ、草莽・在野のシンボル的存在だった楠正成は、学校教育の現場で「忠君愛国」の国民道徳の権化となってゆく。

そして注意したいのは、そのようにして誕生した日本近代の国民国家は、その成り立ちからして、法治国家としてのアポリア(難題)をかかえこむということである。

国家は法制度のロジックによって構成される世界である。それが「克《よ》ク忠ニ克《よ》ク孝ニ」(『教育勅語』)といった君民一体の家族主義を国是《こくぜ》としていようと、家《いえ》共同体の拡大・延長上に存在する国家などありえない。げんに明治政府は、官僚エリート層を養成し、内閣制度や代議制の議会制度によって近代的な統治機構をととのえてゆく。

だが、そのようにして形成された政府・官僚指導層は、みずからを正当化するはずの「国体」という大義によって、つねにその存在をおびやかされる可能性をはらんでしまう。国民がひとしく天皇の「赤子《せきし》」である以上、国民のモラルのゆきつくところも、政治家や官僚などをとび超えて天皇にあるはずだ。

たとえば、『大日本帝国憲法』が公布された明治二二年(一八八九)の一〇月、はやくも政府重臣にたいして、「君側《くんそく》の奸《かん》を除く」式のテロルが引き起こされている。条約改正問題にからんだ外務大臣大隈重信《おおくましげのぶ》の暗殺未遂事件である。

大隈に片足切断の重傷を負わせたテロリスト(玄洋社の来島恒喜《くるしまつねき》)は、その場で皇居を遥拝《ようはい》して自刃した。そして天皇に「赤誠《せきせい》」を披瀝するたぐいのこの種のテロリズムが、国民大衆の広汎な同情を呼びおこしたのだが、それは明治・大正から昭和史のゆくえをも暗示する象徴的なできごとだった。

## おわりに——近代の天皇問題

後醍醐天皇の「新政」は、天皇本人が「朕《ちん》が新儀は未来の先例たるべし」と述べたとされるように(『梅松論』)、それは前例のない「新儀」であって、いわゆる「中興」や「復古」ではありえない。

にもかかわらず、それが王政への「復古」ないしは「中興」とみなされることで、後醍醐天皇の「新政」の統治形態は、わが国固有の（万古不易《ばんこふえき》の）「国体」として位置づけられてゆく。その意味では、後醍醐天皇の企てた「新政」は、五百年の時を隔てて、日本の近代を呪縛したのである。

たとえば、日本社会に浸透する均質幻想の強迫観念《オブセッション》などをみていると、「われわれ」日本人にとっての天皇問題は、明治から今日まで、じつはなにも変わっていないようにみえる。じっさい私たちは、昭和の破滅的な戦争を体験したあとも、天皇を国民的統合の象徴とする憲法をもっている。

後醍醐天皇の政治的な企てを、幕末から近代の政治史のコンテクストのなかに置いてみることで、一九世紀以降、「われわれ」日本人が直面してきたさまざまな政治史的・思想史的な難題もみえてくる。おそらくそれは、天皇問題があらためて議論されつつある二一世紀においても、きわめて現時点的《アクチュアル》な問題である。

近代以降の国民国家の枠組みが流動化し、多様化・多国籍化してゆくポスト二〇世紀の日本社会にあって、天皇をめぐる制度的な言説が、今後とも持続可能かどうかはわからない。

しかし大災害の被災地を訪問する天皇のすがたを、テレビのニュース画面で見まもる大方の国民の思いという現実がある。それは格差や差別の社会矛盾をなしくずし的に解消し、国民の均質性を担保する例外者としての天皇のすがたである。

　現実の社会に浸潤する身分や階級のしがらみから人びとを解放するイメージとしての天皇制は、後醍醐天皇の親政(王政)の企てに始発したのだ。

　たとえば、国民的な統合の象徴としての天皇とは、かつて封建的な身分制社会からの解放・革命の隠喩《メタファー》として機能した天皇である。いわゆる「王道楽土」のファンタズムは、後醍醐天皇の「新政」に端を発している。それは二一世紀を生きる「われわれ」日本人にとっても、おそらく無関係なものではないのである。

# 主要参考文献

我妻建治『神皇正統記論考』吉川弘文館、一九八一年
吾妻重二『朱子学の新研究――近世士大夫の思想史的地平』創文社、二〇〇四年
阿部泰郎『中世日本の宗教テクスト体系』名古屋大学出版会、二〇一三年
網野善彦『異形の王権』平凡社、一九八六年
新井孝重『楠木正成』吉川弘文館、二〇一一年
市沢哲『日本中世公家政治史の研究』校倉書房、二〇一一年
伊藤聡『中世天照大神信仰の研究』法蔵館、二〇一一年
井上宗雄『中世歌壇史の研究 南北朝期』明治書院、一九六五年
岩橋小弥太『花園天皇』吉川弘文館、一九六二年
宇田尚『日本文化に及ぼせる儒教の影響』東洋思想研究所、一九三五年
内田啓一『文観房弘真と美術』法蔵館、二〇〇六年
大川真『近世王権論と「正名」の転回史』御茶の水書房、二〇一二年

小川豊生『中世日本の神話・文字・身体』森話社、二〇一四年
小木曽千代子『玄恵法印研究』新典社、二〇〇八年
小沢栄一『近代日本史学史の研究・明治編』吉川弘文館、一九六八年
亀田俊和『足利直義』ミネルヴァ書房、二〇一六年
黒板勝美『虚心文集　第二』吉川弘文館、一九四〇年
黒田俊雄『日本中世の国家と宗教』岩波書店、一九七五年
黒田日出男『王の身体　王の肖像』平凡社、一九九三年
小島毅『宋学の形成と展開』創文社、一九九九年
佐々木八郎『日野資朝卿』冨山房、一九四〇年
佐藤和彦・樋口州男編『後醍醐天皇のすべて』新人物往来社、二〇〇四年
佐藤進一『南北朝の動乱』中央公論社、一九七四年
佐藤進一『日本の中世国家』岩波書店、一九八三年
下川玲子『北畠親房の儒学』ぺりかん社、二〇〇一年
白山芳太郎『職原鈔の基礎的研究』神道史学会、一九八〇年
武田佐知子『信仰の王権　聖徳太子』中公新書、一九九三年
田中貴子『外法と愛法の中世』平凡社ライブラリー、二〇〇六年
田中大喜『新田一族の中世』吉川弘文館、二〇一五年

主要参考文献


田中義成『南北朝時代史』講談社学術文庫、一九七九年
豊永聡美『中世の天皇と音楽』吉川弘文館、二〇〇六年
中村直勝『南朝の研究』星野書店、一九二七年
新田一郎『太平記の時代』講談社学術文庫、二〇〇九年
野口武彦『江戸の歴史家』筑摩書房、一九七九年
芳賀幸四郎『中世禅林の学問および文学に関する研究』日本学術振興会、一九五六年
橋川文三責任編集『藤田東湖 日本の名著29』中央公論社、一九七四年
橋本初子『中世東寺と弘法大師信仰』思文閣出版、一九九〇年
林屋辰三郎『古代国家の解体』東京大学出版会、一九五五年
尾藤正英『日本の国家主義』岩波書店、二〇一四年
兵藤裕己校注『太平記(一)―(六)』岩波文庫、二〇一四―一六年
兵藤裕己『太平記〈よみ〉の可能性』講談社学術文庫、二〇〇五年
兵藤裕己『平家物語の読み方』ちくま学芸文庫、二〇一一年
平泉澄『建武中興の本義』至文堂、一九三四年
平田俊春『吉野時代の研究』山一書房、一九四三年
藤井雅子『中世醍醐寺と真言密教』勉誠出版、二〇〇八年
藤田精一『楠氏研究』積善館、一九三三年

堀口捨己『利休の茶』岩波書店、一九五一年
マーガレット・メール『歴史と国家――19世紀日本のナショナル・アイデンティティと学問』千葉功、
松沢裕作訳、東京大学出版会、二〇一七年
増田欣『太平記の比較文学的研究』角川書店、一九八一年
松尾剛次『勧進と破戒の中世史』吉川弘文館、一九九五年
松本郁代『天皇の即位儀礼と神仏』吉川弘文館、二〇一七年
丸山眞男『日本政治思想史研究』東京大学出版会、一九五二年
三田村雅子『記憶の中の源氏物語』新潮社、二〇〇八年
村田正志、松本周二『吉田定房事蹟』松成勇一、一九四〇年
村松剛『帝王後醍醐』中央公論社、一九七八年
百瀬今朝雄『弘安書札礼の研究』東京大学出版会、二〇〇〇年
森茂暁『中世日本の政治と文化』思文閣出版、二〇〇六年
守山聖真『立川邪教とその社会的背景の研究』鹿野苑、一九六五年
諸橋徹次『儒学の目的と宋儒の活動』大修館、一九二九年
吉森佳奈子『河海抄の源氏物語』和泉書院、二〇〇三年
ルチア・ドルチェ、松本郁代編『儀礼の力――中世宗教の実践世界』法藏館、二〇一〇年
渡辺浩『近世日本社会と宋学 増補版』東京大学出版会、二〇一〇年

# あとがき

後醍醐天皇を論じたこの本の著者は、読者の方から、日本史の研究者と思われるだろうか。だが、本書も含めて、わたしは著書や論文の末尾に、専門は日本文学と書いている。

文学とはいっても、たとえば、夏目漱石がかつて思索をめぐらしたような近代の文学（literature）ではない。日本の文学は、平安時代の大学科目にまで遡る伝統があり、そんな古くからある文学は、文字どおりの文（文章）の学として、歴史を包括する概念だった。

文学から歴史を切り離したのは、帝国大学の国史科（明治二二年〈一八八九〉開設）の初代教授、重野安繹と久米邦武である。和漢の文学科から国史科を分離・独立させたのだが（それと同時に国文学科も誕生した）、歴史と文学が別個の学問領域になったのは、じつは明治二〇年代（一九世紀末）以降の、この百年ほどのことでしかない。

しかも二〇世紀末には、西欧近代の歴史学の方法がその理論的な前提から疑われ、歴史と文学の境界は再度あいまいになりつつあるというのが（思想界の）今日的な状況だろう（日本人学者による先駆的な仕事としては、坂部恵『かたり』〈一九九〇年〉がある)。

わたしはその昔、大学院時代の修士論文で、『太平記』以下の日本中世の歴史／文学を扱った。

帝国大学国史科の初代教授で、日本の近代史学の創始者の一人、久米邦武に、「太平記は史学に益なし」という有名な論文がある(『史学会雑誌』明治二四年四月―九月)。久米がその実証史学の方法を確立した論文だが、そんな記念碑的な論文が、『太平記』の「物語」批判だったように、歴史と文学の境界を考えるうえで、『太平記』は貴重な(特権的な)フィールドを提供している。

二〇一四年から一六年に、わたしは『太平記』の校注本を刊行した。京都の龍安寺から、底本(西源院本)の使用許可をいただいたのが、二〇〇四年。それから本文づくりを開始し、岩波文庫全六冊として完成したのは、二〇一六年一〇月である。

その六冊目の刊行が終わり、さて何をしようかと考えていたわたしに、「後醍醐天皇」で書かないかと提案してくれたのは、岩波書店編集部の古川義子氏である。

その提案を最初に聞いたときは少々驚いたが、それまで古川氏とは、二冊の単著を出していた。わたしの仕事を、おそらくわたし以上に知る編集者の提案として、よくよく考えてみると、

『太平記』の主要登場人物でもある後醍醐天皇は、わたしがいままで考えてきたさまざまなテーマを横断・縦断するような存在だった。

後醍醐という希代の帝王の評伝である本書『後醍醐天皇』は、歴史研究はもちろんだが、文学、思想、文化史などの先行研究の成果に多くを拠っている。また、歴史と文学の関係、近代の(日本型の)国民国家、制度化された言表としての天皇問題など、わたしが折にふれて論じてきたいくつかのテーマも輻輳して織り込まれている。

最後に、まったくの私事ではあるが、わたしはことし、父が没した年齢を超える。そんな年に刊行する本書は、この五月に、もし生きていたら百歳になる父に捧げたい。

二〇一八年三月

兵藤裕己

# 後醍醐天皇関連略年表

| | |
|---|---|
| 1274(文永 11) | **1** 後宇多天皇(大覚寺統)践祚／**10** モンゴル軍襲来(文永の役) |
| 1275(建治 1) | **2** 幕府，異国警固番役設置／**11** 両統迭立の開始 |
| 1279(弘安 2) | **3** 南宋滅亡／**6** 宋僧無学祖元ら来日 |
| 1281(弘安 4) | **5** 再びモンゴル軍襲来(弘安の役) |
| 1284(弘安 7) | **4** 執権北条時宗死去 |
| 1285(弘安 8) | **11** 霜月騒動．北条得宗家の専制体制へ |
| 1287(弘安 10) | **10** 伏見天皇(持明院統)践祚 |
| 1288(正応 1) | **11** 尊治(のちの後醍醐天皇)誕生 |
| 1290(正応 3) | **3** 浅原為頼，伏見天皇の内裏に乱入し自刃 |
| 1293(正応 6〈永仁 1〉) | **3** 幕府，鎮西探題を設置／**4** 執権北条貞時，御内人筆頭の平頼綱を滅ぼす |
| 1297(永仁 5) | **3** 永仁の徳政令 |
| 1298(永仁 6) | **7** 後伏見天皇(持明院統)践祚 |
| 1301(正安 3) | **1** 後二条天皇(大覚寺統)践祚 |
| 1308(徳治 3〈延慶 1〉) | **8** 後二条天皇急逝，花園天皇(持明院統)践祚．尊治皇太子に．後宇多法皇，尊治は一代限りで，後二条皇子の邦良親王を大覚寺統の正統の皇嗣と定める |
| 1312(正和 1) | 尊治，醍醐寺三宝院流の印可を受ける |
| 1314(正和 3) | **1** この頃，西園寺実兼の娘禧子が尊治の子を懐妊と露見／**7** 尊治，七条院領の荘園 17 カ所を安堵する令旨発給 |
| 1317(文保 1) | 尊治，勧修寺流の印可を受け，やがて広沢流も受法 |
| 1318(文保 2) | **2** 後醍醐天皇(大覚寺統)践祚，後宇多法皇の院政 |
| 1320(元応 2) | **3** 日野資朝，花園上皇の院司から後醍醐の蔵人頭へ |

| | |
|---|---|
| 1321(元亨 1) | **2** 元亨に改元．事実上の天皇の親政が始まる．この頃，記録所設置／**10** 吉田定房鎌倉へ．定房の折衝で，幕府，天皇の親政を追認 |
| 1322(元亨 2) | **2** 花園上皇(持明院統)，政道の学問に熱心な後醍醐に「中興有るべきか」と期待 |
| 1323(元亨 3) | **6** 日野俊基蔵人に，日野資朝検非違使別当に．文観，後醍醐に召される |
| 1324 (元亨 4〈正中 1〉) | **3** 般若寺に天皇の「御願成就」を願う文殊菩薩騎獅像を奉納，銘文に文観の署名／**6** 後宇多法皇死去／**8** 邦良親王の側近六条有忠，鎌倉へ／**9** 討幕計画露見(正中の変)．多治見国長・土岐頼有討たれる．資朝・俊基は拘禁．万里小路宣房，特使として鎌倉へ／**10** 宣房帰京，天皇に咎めなし／**11** 金沢貞将，大軍を率いて六波羅に着任 |
| 1325 (正中 2) | **1** 六条有忠，邦良の使者として再度鎌倉へ．前後して，吉田定房，後醍醐の使者として鎌倉へ |
| 1326 (正中 3〈嘉暦 1〉) | **3** 邦良親王急逝／**6** 中宮禧子の御産の祈禱始まる／**7** 幕府，量仁親王(のち光厳天皇)の立太子を朝廷に通告 |
| 1327(嘉暦 2) | **12** 尊雲法親王(護良親王)，天台座主に |
| 1328(嘉暦 3) | **6** 後伏見上皇，皇太子量仁の早期の即位を願い，諸社に願書を奉納 |
| 1330(元徳 2) | **3** 後醍醐，東大寺・興福寺に行幸，延暦寺に行幸／**10** 文観から瑜祇灌頂を受ける／**12** 尊澄法親王(宗良親王)，天台座主に |
| 1331 (元弘 1，元徳 3) | **5** 吉田定房の密告により，討幕計画露見(元弘の変)．文観・円観ら六波羅に捕らわれ流罪／**8** 後醍醐，内裏を脱出し笠置山へ／**9** 幕府軍，笠置を攻撃．楠正成，河内に挙兵するも笠置落城．光厳天皇(量仁親王)践祚 |
| 1332 (元弘 2，正慶 1) | **3** 後醍醐，隠岐へ配流／**6** 資朝・俊基ら斬られる／**11** 還俗した護良親王，吉野で挙兵 |
| 1333 (元弘 3，正慶 2) | **閏 2** 千剣破城攻防戦始まる．播磨で赤松円心挙兵．後醍醐，隠岐を脱出し，伯耆の名和長年を頼る／**4** 足利高氏(尊氏)，後醍醐方に転じる／ |

| | |
|---|---|
| | **5** 六波羅探題陥落．関東では新田義貞が挙兵．鎌倉幕府滅亡．光厳天皇および正慶の元号を廃す／**6** 後醍醐，伯耆から上洛，二条富小路内裏へ．護良親王，征夷大将軍に／**8** 足利高氏，後醍醐(尊治)の偏諱を受け尊氏と改名／**9** 雑訴決断所を設置 |
| 1334(建武 1) | **1** 建武に改元／**5** 徳政令発布／**6** 定房，准大臣(まもなく内大臣)／**8** 内裏近くの二条河原に時勢批判の落書／**10** 護良親王，足利尊氏の讒言で禁獄 |
| 1335(建武 2) | **6** 西園寺公宗，謀叛を企て斬られる／**7** 北条高時の遺児時行が挙兵し，鎌倉を攻略(中先代の乱)．足利直義，鎌倉に禁獄中の護良親王を殺害／**8** 尊氏，時行軍を破り鎌倉を奪還．尊氏の威勢高まり，義貞との仲が険悪になる／**11** 義貞，官軍の大将として尊氏討伐へ／**12** 尊氏，箱根・竹の下の合戦で義貞軍を破る |
| 1336<br>(延元 1，建武 3) | **1** 尊氏，京の合戦に敗れ，九州へ退去，まもなく九州を制圧して東上／**3** 赤松円心，足利方として蜂起／**5** 義貞と正成，湊川合戦で敗れ，正成は戦死．後醍醐，比叡山へ／**6** 千種忠顕戦死／**7** 名和長年戦死／**8** 尊氏，光明天皇(持明院統)を即位させる／**10** 後醍醐，尊氏の軍門に降る／**11**『建武式目』成立／**12** 後醍醐，京を脱出し，吉野に朝廷を開く(南北朝時代の始まり) |
| 1338<br>(延元 3，暦応 1) | **5** 北畠顕家，後醍醐へ諫奏状を執筆(7 日後に戦死)／**閏 7** 新田義貞戦死／**8** 尊氏，征夷大将軍に就任 |
| 1339<br>(延元 4，暦応 2) | **8** 後醍醐，吉野の行宮で死去 |

兵藤裕己

1950年名古屋市生まれ
東京大学大学院人文科学研究科博士課程修了.
文学博士.
現在一学習院大学文学部教授
専攻一日本文学・芸能論
著書一『王権と物語』(岩波現代文庫)
『太平記〈よみ〉の可能性』(講談社学術文庫)
『平家物語の読み方』(ちくま学芸文庫)
『〈声〉の国民国家』(講談社学術文庫)
『演じられた近代——〈国民〉の身体とパフォーマンス』(岩波書店)
『琵琶法師——〈異界〉を語る人びと』(岩波新書)
『太平記』(全6冊, 校注, 岩波文庫) ほか

後醍醐天皇　　岩波新書(新赤版)1715

2018年4月20日　第1刷発行
2018年6月15日　第3刷発行

著　者　兵藤《ひょうどう》 裕己《ひろみ》

発行者　岡本　厚

発行所　株式会社 岩波書店
〒101-8002 東京都千代田区一ツ橋 2-5-5
案内 03-5210-4000　営業部 03-5210-4111
http://www.iwanami.co.jp/

新書編集部 03-5210-4054
http://www.iwanamishinsho.com/

印刷・三陽社　カバー・半七印刷　製本・中永製本


ISBN 978-4-00-431715-9　Printed in Japan

# 岩波新書新赤版一〇〇〇点に際して

ひとつの時代が終わったと言われて久しい。だが、その先にいかなる時代を展望するのか、私たちはその輪郭すら描きえていない。二〇世紀から持ち越した課題の多くは、未だ解決の緒を見つけることのできないままであり、二一世紀が新たに招きよせた問題も少なくない。グローバル資本主義の浸透、憎悪の連鎖、暴力の応酬――世界は混沌として深い不安の只中にある。

現代社会においては変化が常態となり、速さと新しさに絶対的な価値が与えられた。消費社会の深化と情報技術の革命は、種々の境界を無くし、人々の生活やコミュニケーションの様式を根底から変容させてきた。ライフスタイルは多様化し、一面では個人の生き方をそれぞれが選びとる時代が始まっている。同時に、新たな格差が生まれ、様々な次元での亀裂や分断が深まっている。社会や歴史に対する意識が揺らぎ、普遍的な理念に対する根本的な懐疑や、現実を変えることへの無力感がひそかに根を張りつつある。そして生きることに誰もが困難を覚える時代が到来している。

しかし、日常生活のそれぞれの場で、自由と民主主義を獲得し実践することを通じて、私たち自身がそうした閉塞を乗り超え、希望の時代の幕開けを告げてゆくことは不可能ではあるまい。そのために、いま求められていること――それは、個と個の間で開かれた対話を積み重ねながら、人間らしく生きることの条件について一人ひとりが粘り強く思考することではないか。その営みの糧となるものが、教養に外ならないと私たちは考える。歴史とは何か、よく生きるとはいかなることか、世界そして人間はどこへ向かうべきなのか――こうした根源的な問いとの格闘が、文化と知の厚みを作り出し、個人と社会を支える基盤としての教養となった。まさにそのような教養への道案内こそ、岩波新書が創刊以来、追求してきたことである。

岩波新書は、日中戦争下の一九三八年一一月に赤版として創刊された。創刊の辞は、道義の精神に則らない日本の行動を憂慮し、批判的精神と良心的行動の欠如を戒めつつ、現代人の現代的教養を刊行の目的とする、と謳っている。以後、青版、黄版、新赤版と装いを改めながら、合計二五〇〇点余りを世に問うてきた。そして、いままた新赤版が一〇〇〇点を迎えたのを機に、人間の理性と良心への信頼を再確認し、それに裏打ちされた文化を培っていく決意を込めて、新しい装丁のもとに再出発したいと思う。一冊一冊から吹き出す新風が一人でも多くの読者の許に届くこと、そして希望ある時代への想像力を豊かにかき立てることを切に願う。

（二〇〇六年四月）